¡Sssssshhhhhhhhhh!

Haz del teatro algo íntimo

Llévalo siempre en el bolsillo

Cubierta y diseño editorial: Éride, Diseño Gráfico
Dirección editorial: ángel jiménez

Primera edición: enero, 2025

El mensaje.
© Ramón Paso
© VdB, 2025
Espronceda, 5
28003 Madrid

VdB®

ISBN: 978-84-19850-99-7
Depósito Legal: M-2865-2025
Diseño y preimpresión: Éride, Diseño Gráfico

 Este libro protege el entorno

el mensaje

Ramón Paso

Dramaturgo, guionista y director de escena nacido en Madrid en 1976. Nieto de Alfonso Paso y bisnieto de Enrique Jardiel Poncela.

Cuenta con más de cincuenta montajes teatrales, tanto como dramaturgo, director de escena o en ambas funciones, entre los que podemos destacar títulos como *El reencuentro*, *El mensaje*, *Dos locas de remate*, *La importancia de llamarse Ernesto*, *Usted tiene ojos de mujer fatal... en la radio*, *Otelo a juicio*, *Blablacoche*, *Papá es Peter Pan y lo tengo que matar*, *La ramera de Babilonia*, *Drácula. Biografía NO autorizada*, *Lo que mamá nos ha dejado*, *El secreto*, *Huevos con amor*, *Jardiel enamorado* o el musical *Desencantadas*. Por otro lado es responsable de las últimas versiones estrenadas de *Eloísa está debajo de un almendro* de Jardiel Poncela, *Otra vuelta de tuerca* de Henry James, *Sueño de una noche de verano* de William Shakespeare o *Tragedia española* de Thomas Kyd.

También ha trabajado como guionista de televisión para algunas de las más importantes productoras audiovisuales del país.

Desde 2016 hasta 2018 trabajó en el Centro Dramático Nacional como asesor de dramaturgia, bajo las órdenes de Ernesto Caballero.

RAMÓN PASO

el mensaje

Esta comedia trágica se estrenó en el teatro Lara de Madrid
el 14 de abril de 2021 interpretada, por orden de intervención, por
Natalia Millán (LUCÍA), Ángela Peirat (DANIELA), Ana Azorín (ANDREA),
Inés Kerzan (IRENE) y Carlos Seguí (CÉSAR).

Dirección: Ramón Paso.

Para Guerradepiés, mi hermano, por todo lo vivido juntos. El pasado no se cambia, pero el futuro lo diseñamos nosotros. Gracias.

Nota del autor

El mensaje se estrenó el 14 de abril de 2021 con los teatros aún azotados por las restricciones de la pandemia que comenzó en 2020. Antonio Fuentes, empresario del teatro Lara, me llamó a finales de diciembre del 20 y me dijo que estaba dispuesto a coproducir y estrenar una comedia de mi autoría, que tuviese, eso sí, un misterio como trama. Así nació *El mensaje*. Jamás le agradeceré lo suficiente la oportunidad a Antonio. Pero... siempre hay un pero... el problema fueron las prisas –se escribió desde cero, se produjo, se ensayó y se estrenó en menos de cuatro meses– y las tensiones derivadas de la falta de vis cómica y mala disposición para estudiar los cambios ocasionales o de calado que requiere una obra escrita en unos tiempos tan exigentes, de la actriz que interpretaba a Lucía, la protagonista de la obra. Su compromiso con *El mensaje* era meramente económico.

Aprovechando la oportunidad que me da la edición de *El mensaje*, he hecho los cambios y mejoras que no me permitió el ritmo de trabajo que tuvimos que llevar para lograr estrenar en fecha y la poca sensibilidad y ganas de estudiar que demostraba la actriz en cuestión –luego abandonó la obra por un compromiso previo y lo cierto es que la taquilla no varió al sustituirla–. Los cambios que he hecho mejoran sustancialmente el texto y solo suponen un diecisiete por ciento del total. Espero que disfruten tanto leyéndola como he disfrutado yo dándole el tiempo y cariño que se merecía.

Prólogo

Durante bastante tiempo he observado con interés la trayectoria de Ramón Paso como dramaturgo y director de escena. Son muchas las ocasiones en que he martilleado las teclas del ordenador para reflexionar y analizar sus obras, no ya como textos, sino como espectáculos teatrales en los que el resultado final del producto artístico se reparte entre muchos otros responsables más allá del autor. También lo hice en su momento sobre la comedia que el lector tiene ahora mismo en sus manos, cuando en la primavera de 2021 se estrenó en el Teatro Lara.

La lectura de *El mensaje* ha vuelto a traer a mi memoria las imágenes de aquella representación a la que asistí hace ya algunos años, con absoluta nitidez, y he vuelto a ver el espacio y el rostro de los intérpretes —básicamente actrices— que dieron vida a las palabras estampadas por el dramaturgo en su texto; pero con la ventaja de acceder a ellas desde el reposo y el detenimiento que ofrece la cómoda posición del que lee la voz escrita, impertérrita, inamovible; accediendo a matices, detalles, imposibles de alcanzar de otro modo. Convencido de la importancia de la literatura dramática y del deleite que proporciona la lectura de obras teatrales —y, por ende, la necesidad de su edición—, distinta a la obtenida de una representación escénica —ni mejor ni peor, solo distinta—, me permito invitarles a adentrarse en estas páginas escritas por Ramón Paso, ofreciéndoles, como preludio a sus palabras, una breve reflexión sobre su teatro y un sucinto análisis de un texto que, a buen seguro, les proporcionará un buen rato de placentero esparcimiento y es probable que alguna sonrisa cómplice.

El mensaje mantiene y afianza una línea dramatúrgica perceptible ya en piezas anteriores del autor —*Lo que mamá nos ha dejado*, *El móvil*—, reconocible con posterioridad en comedias como *Filomena*, que, frente al gamberrismo desatado de textos como *Las leyes de la relatividad aplicadas a las relaciones sexuales* o *La ramera de Babilonia*, donde asoma el Paso más provocador e irreverente, que aborda sin tapujos y con descaro (el descaro es, en realidad, un rasgo inherente a su forma de concebir la práctica escénica) temas comprometidos y de difícil manejo como son el sexo o la religión —sin perder nunca un tono de simpática y juvenil rebeldía, también característico de sus obras—, apuntan unas maneras más comedidas en la construcción dramática y en su contenido, que las acercan a un tipo de comedia más convencional, heredera directa de las formas de la llamada tradicionalmente comedia burguesa —cultivada con maestría por aquella otra generación del 27 entre cuyos miembros se encontraba el propio bisabuelo de nuestro autor, el siempre genial Enrique Jardiel Poncela; pero también por dramaturgos posteriores como Alfonso Paso, abuelo a su vez de Ramón, o Juan José Alonso Millán, más cercano en el tiempo—, muy influida asimismo por el teatro cómico popular de tiempos pretéritos (Muñoz Seca, los Quintero, Arniches).

Porque si algo caracteriza al teatro de Ramón Paso, entre otras muchas cosas, es esa singular y productiva fusión entre tradición y vanguardia. Extremos entre los que oscila sin perderse, sabiendo mantener la tensión adecuada entre el riesgo de la innovación y la seguridad de lo conocido, sin perder de vista la finalidad de su creación, la efectividad de los recursos literarios y escénicos empleados y las exigencias del género que está cultivando.

Ramón Paso es un autor de múltiples registros, como muestra su acercamiento al drama en algunas interesantes piezas de su producción; por regla general, originales versiones o textos inspirados en obras previas, como aquel *Otelo a juicio* de raíces shakespearianas, la singular recreación del mito vampírico en *Drácula. Biografía NO autorizada*, su tragedia *Ausencia de Bernarda*, inspirada en Lorca; o esa *Otra vuelta de tuerca* donde, en una adaptación de la novela de Henry James, el dramaturgo se acerca al género de terror. Sin embargo, el terreno que mejor se acomoda a su peculiar forma de afrontar y concebir el hecho dramático es sin duda la comedia, modalidad a la que el autor ha dedicado el grueso de su producción y a la que pertenecen las obras de mayor éxito y más representativas de su estilo. *El mensaje*, recogido en estas páginas, constituye un granado ejemplo de estas y de lo que podemos denominar la poética cómica de Ramón Paso. La idea de reunir en un despacho de abogados a las herederas —dos hijas, su madre y la amante del respectivo padre y esposo— de un bromista difunto que las obliga, a cambio de percibir un millón de euros cada una, a ver juntas los respectivos vídeos que ha grabado personalmente para ellas, recuerda el planteamiento argumental de algunas películas o incluso obras teatrales cuya resolución y desarrollo transcurren de manera general por cauces muy distintos a los que Ramón Paso ha querido dar a su obra. Cierta dosis de intriga se mantiene a lo largo de la trama, sostenida especialmente por la expectación de saber el contenido de cada vídeo, que será la causa de sucesivos revulsivos de la acción escénica, con los que se crearán nuevos conflictos y motivos de disputa que harán avanzar la trama, mostrándonos paulatinamente el interior de cada personaje y la relación existente entre ellos, al igual que los motivos que explican su conducta.

Dicho interés se sostiene y acentúa con unos adecuados golpes de efecto, que refuerzan asimismo el ritmo de la pieza, nacidos de revelaciones y descubrimientos de mayor alcance e impacto que los desvelados por los vídeos; como el saber que la «zorra» con la que se entendía el difunto César es la estrambótica abogada que las ha reunido en su oficina; o algún otro descubrimiento y sorpresa final, que prefiero no desvelar para no privar al lector de su propia aventura.

En cualquier caso, por encima de todo, la «gracia» de esta comedia reside, como en la mayor parte de las piezas del autor, en la creación de unos personajes de corte histriónico, exagerados en sus maneras, que rozan el ridículo muchas veces. Disparatados personajes bufos, convertidos en marionetas de un creador que lanza a través de ellos su permanente sentido humorístico —y vital, valga la redundancia— de la vida, en unos diálogos cuyos permanentes chistes, cargados de ingenio, ofrecen un poso de mordaz ironía en la que aflora el inteligente cinismo de un autor admirador de Oscar Wilde, crecido a la sombra de Jardiel Poncela y Alfonso Paso. Esa ligereza con que el autor edulcora unos mensajes no tan insustanciales como pudiera parecer, ofreciéndonos una lección de tolerancia y relativismo moral al enfrentarnos a unos personajes cuyo comportamiento no siempre se corresponde con lo esperado de ellos, parece repetirse en boca de la «simple» Andrea cuando afirma que «Hay que querer a la gente como es», o en ese «Nadie es perfecto» que nos traslada al popular aserto pronunciado por Joe E. Brown en *Con faldas y a lo loco* —título que no habría

desdeñado Paso—, con toda su carga de iconoclasta y saludable liberación frente a las normas e imposiciones sociales.

Al marcado contraste entre la personalidad de Daniela e Irene, y su incómoda relación con Lucía, cuyo carácter sirve de contrapunto serio en el singular trío que forma con sus hijas, se suma la presencia en escena de Andrea; indudable referente cómico de la pieza, disparatada figura del donaire, cuya ingenuidad y bobalicona torpeza, y permanentes ocurrencias salidas de tono, la convierten en una suerte de chistoso bufón que, sin embargo, como en las mejores comedias del Siglo de Oro, será la artífice del final feliz —no se sorprendan de esta revelación, no es *spoiler*; al fin y al cabo, se trata de una comedia— en que confluirá todo. La figura de César, referente masculino de una historia manifiestamente femenina, será asimismo decisiva para el desarrollo y desenlace de la trama, que, por supuesto, no quisiera desvelarles más allá de lo dicho.

Les invito a descubrir por ustedes mismos el sorprendente final de esta divertida obra, digno de Billy Wilder, al que no lograrán llegar sin haber esbozado, a lo largo del camino, más de una sonrisa cómplice y alguna que otra mueca burlona. Sigan leyendo, y descubran *El mensaje* de Ramón Paso.

José Luis González Subías.

Personajes

LUCÍA
DANIELA
ANDREA
IRENE
CÉSAR

Acto único

Madrid. *Primeros días de abril. Oscuridad. Sonido de tacones de mujer, avanzando. Según se acerca el sonido, lentamente se va haciendo la luz, que empieza a entrar desde un gran ventanal que se intuye a la izquierda del escenario. Es luz de primeras horas del día, que ilumina una pequeña oficina de una gestoría modesta. El mobiliario es minimalista. En el lado derecho del escenario, en perpendicular al foro, hay una mesa de despacho, con una silla a juego. Encima de la mesa hay un ordenador portátil abierto, un juego de escritorio, además de una pila de informes y cuatro sobres grandes: azul, rojo, verde y rosita. Al otro lado de la mesa se encuentran dos sillas cómodas y elegantes, donde se sientan los clientes de la gestoría. En el foro, perpendicular, a su vez, a la silla, hay un cuadro, que representa a un tipo serio, con enormes bigotes, con aspecto de haber hecho cosas importantes y de llevar muerto mucho tiempo. En oposición, casi haciendo esquina con el foro, está el ventanal grande por el que entra la luz, con los visillos al viento, movidos por una agradable brisa primaveral. En el foro hay una enorme pantalla donde se ve, congelada, la imagen de un tipo de unos sesenta años, carismático, con buen aspecto y la mirada viva y sagaz. Su rictus es burlón. Se llama* César. *La propietaria de los tacones sale a escena. Se trata de una mujer de unos cincuenta años, con encanto y la mirada viva y canalla. Su gesto habitual es amable y generoso, y se ilumina cuando sonríe. Su nombre es* LUCÍA. *Da unos pasos, acercándose hacia la mesa, con cierta cautela, por no encontrar a nadie, y sin ver la pantalla. Y así, comienza la acción.*

LUCÍA   (*Amable.*) ¿Hola? ¡Hola! Buenos días. ¿Hay alguien? ¿Hola? ¿Hay alguien? (*Seca.*) ¡Buenos días! Que si hay alguien. (*Saca el teléfono móvil del bolso y mira la hora. No entiende nada. Marca. Gritando.*) ¡Buenos días, ¿hay alguien?! (*Para sí.*) Hay que tener mala leche. (*Al teléfono.*) Amor mío, hazme un favor... Pues soy yo, Lucía. ¿Quién más te llama *amor mío*? Oye, no te atrevas a confundirme con tu madre. Pues porque me bajas la autoestima, y todo tiene un límite. Empiezas confundiéndome con tu madre y terminas pidiéndome que te lave los calzoncillos. Y yo no lavo calzoncillos. Tu madre es una mujer muy maja, pero tiene ochenta años, cielo, y le baila la dentadura. Habla raro, Carlos. Es una mezcla entre dragón de Komodo y alfombrilla de baño. Pues es un reptil, grande, que vive en Komodo. Eh... Míralo en Internet. No insulto a tu madre, mi amor, solo la describo. Es que se está quedando hecha un trapo, chiquitita, en nada, y saca la lengua para sorber las natillas como los reptiles. ¡La respeto, la respeto! Por eso me fijo mucho en ella... (*Para sí.*) y porque sé cómo no quiero acabar. (*Al móvil.*) Ya sabes que la quiero. Tú tienes el cordón umbilical de acero inoxidable, a pesar de tus cuarenta y cinco añazos, pero a ella la quiero. (*Repentinamente seria.*) Que no me digas que hablo como tu madre. Pues porque me bajas la autoestima y he jurado ante Santa Gema que al próximo que me baje la autoestima le corto los huevos mientras duerme. Tranquilo, que para esto te aseguro yo que voy a ser muy devota. Sí, Santa Gema. Le dieron no sé cuántas puñaladas. Me siento identificada. Anda, no me líes, y mira mi agenda. Sí. La hora a la que he quedado en el despacho. Sí. Pues en mi agenda. Sí. En la mesa. Exactamente. Eso es mi agenda. Sí, ese montón de *post-it* es mi agenda. Míralo. No juzgues, solo míralo. Exacto. A las siete de la mañana, ¿verdad? Ya. Pues aquí estoy yo a las siete de la mañana y no hay nadie. ¡Hay que ser sádico para citar a una señora a las siete de la mañana y que no haya nadie para recibirla! (*Gritando.*) ¿Hay alguien? (*Al móvil.*) No, no hay nadie. Sí, Carlos, sé perfectamente lo que he hecho y... (*Mientras habla se gira, observando la sala, y se encuentra de cara con la imagen congelada de* CÉSAR.) ¡Hijo de puta! ¡Hijo de la grandísima puta! No, tú no. Él. César está aquí. No, vivo, no. ¡Sigue muerto, pero está aquí! Le estoy viendo. No, no se me ha aparecido, ¿qué se me va a aparecer? Hay una imagen de él. En una pantalla. Un vídeo. ¿Es que no voy a librarme jamás de esa cara de degenerado? Mírale cómo sonríe,

el muy imbécil. (*Al vídeo.*) ¿Estás satisfecho?
(*Al móvil.*) No, Carlos, está en su esplendor.
Me mira, me mira con ojos acusadores. Pues
ya sabes tú de qué me acusa. Ya lo sabes. ¡Qué
mal gusto tengo para los hombres! No, cariño, no lo digo por ti. (*Se acerca a mirar.*) Me
parece de muy mal gusto. (*Le da golpes a la
pantalla.*) Pero si se había muerto, ¿por qué
ha vuelto? Cuando te separas es para no ver-
le más, y cuando se muere, crees que, por fin,
puedes decir: objetivo cumplido. Se me está
erizando la piel de la nuca. No, mi amor. En
plan bien, no; en plan *acabo de ver cucarachas
en mi cama*. No, no, cariño. Claro que tengo
que quedarme. Pues porque es mi dinero. Me
lo he ganado... Tú me has dado apoyo moral,
pero la que se lo ha ganado he sido yo. Lo
quiero, lo quiero, ¡quiero el dinero! No puedo, no... (*Melancólica.*) Mi carrera ya no... Mi
voz, bueno... (*Tosecita afectada.*) Los disgus-
tos y la mala vida, la han apagado. (*Seca.*) No,
no me salen gallos, hijo de puta. No, no me
salen. Es algún tonito que se me va. Vale, de
acuerdo, Carlos, sí, soy una cantante a la que
le salen gallos. Mete el dedo en la llaga. Mé-
telo. Primero tu madre, ahora mis gallos... No
elijo bien a los hombres, no, no lo hago. No,
esta vez no es por él. Es por ti. Una cantante
a la que le salen gallos, no puedo... No quiero morirme de hambre. ¿Qué hago? ¿Cocino
los gallos? No, cantar se ha acabado para mí.
El día en el que me tuve que poner a dar clases, se acabó mi carrera. ¿Qué carrera voy a

tener, Carlos, cuando mi día a día es intentar que una manada de zarigüeyas suene como un coro de seres humanos? Y, encima, ya no tengo voz, no la tengo, tengo gallos. Y ahora, para colmo, tengo que aguantar a este hijo de puta... (*Dándole golpes de nuevo.*) ¡Pero, ¿por qué no se apaga?!

(*Sujeta el móvil entre la cabeza y el hombro, mientras se quita uno de los zapatos. Sale a escena DA-NIELA. Una chica de unos veintisiete años. Se trata de una iconoclasta, educada por dos liberales en continua batalla, por lo que ha aprendido a desarrollar su propia personalidad y a ser incómoda. Viste informal y lleva unos cascos rojos, colgando del cuello. Al ver que está LUCÍA, hace además de irse, pero se fija en que se prepara para estrellar el zapato contra la pantalla.*)

DANIELA   ¿Qué haces?

(*LUCÍA se congela. Lentamente se gira para mirarla.*)

LUCÍA   ¡Cariño mío!

DANIELA   Mamá, ¿qué haces?

(*Silencio.*)

LUCÍA   Nada.

DANIELA   ¿Nada?

LUCÍA	Nada. (*Al móvil.*) Ahora te llamo. (*Cuelga el móvil.*) Hola, mi amor.
DANIELA	Daba toda la sensación de que ibas a pegar a *mi padre* con tu zapato en toda la cara.
LUCÍA	En absoluto. Iba a darle con el zapato a *una imagen* de César, no al mismo César. Es distinto. ¿Cómo estás?
DANIELA	Muy bien. ¿No hay nadie?
LUCÍA	Desde que yo he llegado, no. Era a las siete, ¿verdad?
DANIELA	Exacto. A lo mejor es en el despacho de enfrente.
LUCÍA	¿Por qué no me has cogido el teléfono? Te he estado llamando para traerte en coche.
DANIELA	He venido en el mío. Voy a echar un vistazo.
LUCÍA	¿Y has aparcado bien?
DANIELA	Sí, muy bien, mamá. Ahora vuelvo.
LUCÍA	Ay, hija, ¿no tienes un segundo para hablar?
DANIELA	No, mamá, contigo, no.

(DANIELA *hace mutis.*)

LUCÍA   (*Hacia el lugar por el que se ha ido* DANIELA.) Cariño... (*A la foto de* CÉSAR.) ¡Esto es culpa tuya! ¡Tuya, que la volviste contra mí! ¡Era una niña encantadora y tú la has convertido en un cactus!

             (*Sale a escena* ANDREA. *Se trata de una chica de unos treinta y tantos, con ademán confuso, cierto aire tierno y desvalido, y que lleva gafas de pasta. Moradas. Viste un traje de chaqueta elegante. Va a hablar, pero, de pronto, ve que* LUCÍA *carga, de nuevo, con su zapato para golpear la pantalla.*)

ANDREA   ¡No! (LUCÍA *se congela. Silencio. Las dos mujeres se miran.*) Es que no es mía. Es alquilada. La tele. Yo no tenía una tan grande. Bueno, mi casa no es... Ha costado mucho subirla por las escaleras hasta aquí. La he subido yo sola. Antes tenía un ayudante. Pero me robaba el almuerzo de... el muy canalla. En el colegio también... Bueno, que esto a usted no le interesa. Se fue. Mi ayudante. Se fue. Y la he subido yo sola por las escaleras. Un cuarto piso. No la rompa, por favor.

LUCÍA   Perdone, no entiendo qué quiere decir...

ANDREA   Que no me rompa la tele, por favor.

LUCÍA   No, claro. No la iba a romper.

ANDREA   Lo parecía.

LUCÍA   Es que he visto... algo.

ANDREA   ¿Un bicho?

LUCÍA   ¿Dónde?

ANDREA   En la tele. ¿Había un bicho y usted lo quería aplastar con el zapatito?

LUCÍA   Exactamente. ¿Andrea Cifuentes?

ANDREA   ¿Y usted es Lucía Morán?

LUCÍA   Encantada.

(ANDREA *hace ademán de darle la mano, pero luego le parece impersonal e intenta darle dos besos. Después cambia de idea.* LUCÍA *intenta reaccionar a todo lo que hace sin conseguir seguirla. Al final, no se dan nada.*)

ANDREA   Da igual. No nos damos nada. Buenos dí... bue...

LUCÍA   ¿Qué dice?

ANDREA   No, bue... buenos...

LUCÍA   ¿Pero por qué murmura?

ANDREA   No, no murmuro, es que hablo así. ¡Buenos días!

LUCÍA   ¡Sí, sí, buenos días! Como usted quiera.

ANDREA   Perdone, doña Lucía...

LUCÍA   Ay, por Dios, no me llame doña Lucía.

ANDREA   No quiere que la llame doña Lucía.

LUCÍA   Me hace mayor.

ANDREA   No lo parece.

LUCÍA   Es que no lo soy.

ANDREA   Eso digo yo. No lo es. Perdone, señorita.

LUCÍA   *Señora.* Soy una señora.

ANDREA   Claro, señora. No faltaba más. Señora de los pies a los pendientes.

            (Silencio.)

LUCÍA   Bueno, vayamos al grano, por favor. Esta situación me incomoda.

ANDREA   *(Murmurando.)* Esta situación le incomoda. *(Subiendo el tono de improviso.)* Sí, claro, y con los saludos ya llevamos un rato largo.

LUCÍA   ¿El testamento...?

ANDREA   Aquí lo tengo. En una carpetita. Bien bonita. Bueno, normal.

LUCÍA	Una cosa, perdone. ¿Podría quitar esa imagen de mi ex marido de la pantalla? Me es muy doloroso verla.
ANDREA	¿Por la pérdida?
LUCÍA	Entre otras muchas cosas.
ANDREA	¿Mala relación?
LUCÍA	¿Con quién?
ANDREA	Con él.
LUCÍA	La normal... para estar separados, imagino. Un poquito de mal rollo y un pelín de desprecio. (*Se acerca.*) Al principio ha sido un *shock*. Ahora solo es que me da... impresión.
ANDREA	¿Impresión?
LUCÍA	No esperaba verle así... en grande. Él y yo, César y yo, nunca llegamos a divorciarnos, digamos, del todo. Había ganas, pero no terminábamos de hacerlo. Nos faltó determinación.
ANDREA	Claro. Usted le seguía teniendo un poquito de cariño, ¿verdad? Como tiene un aire así como a *sobao* pasiego, se le coge aprecio.
LUCÍA	(*Observa la imagen, pensativa.*) Creo que aunque ya no estábamos juntos... existía, en cierta

manera, de alguna forma, muy, muy de refilón, casi, casi accidental y apagándose... un *algo*.

ANDREA   ¿Un *algo*?

LUCÍA   *Pse*, un *algo*.

(*Silencio.*)

ANDREA   Usted es virgo, entonces.

LUCÍA   ¿Virgo?

(ANDREA *asiente muy rápido.*)

ANDREA   Del zodíaco. Como le cuesta desprenderse... Muy organizados ellos, los virgo. Signo de tierra.

LUCÍA   ¿Puede quitar la imagen de la pantalla?

ANDREA   No.

LUCÍA   ¿Cómo que no?

ANDREA   (*Tecleando en el ordenador.*) Ay, ya se me ha atascado otra vez. El vídeo. Es que no tengo mucha mano yo para los ordenadores. Los toco y se rompen. Hacen cosas raras. (*La imagen avanza y retrocede según mueve el cursor* ANDREA, *moviendo una mano y volviendo a la posición normal.*) Mire qué gracioso. Le doy para adelante y parece que saluda. ¿Ve? Y para atrás y ya no. Ahora sí. Ahora no. Ahora sí. Ahora no. Para adelante y para atrás.

LUCÍA   Pare. Ya. Por favor, se lo pido. (*Silencio.*) Gracias. ¿Es usted tan amable de quitarla?

ANDREA   Ya me gustaría a mí, pero es que no puedo.

LUCÍA   Presione *escape.*

ANDREA   Es parte de las últimas voluntades del difunto.

LUCÍA   Hijo de puta.

ANDREA   ¿Qué?

LUCÍA   ¿Podemos proceder a la lectura de ese testamento que implica tener su cara en una pantalla en plan cine de verano, por favor?

ANDREA   Pues no va a ser posible.

LUCÍA   ¿Perdone?

ANDREA   Hasta que no esté todo el mundo, yo no puedo leer nada.

LUCÍA   ¿Todo el mundo?

ANDREA   Sí, es que aquí hay cuatro sobrecitos de colores... (*Cogiéndolos y moviéndolos.*) El difunto ha dejado cuatro sobrecitos de colores. Cuatro. Cuatro sobrecitos de colores. Un sobrecito para cada heredero. ¡Heredero! ¡Qué palabra más bonita! Cuatro sobrecitos y cuatro herederos. Mire. ¿Ve? Azul, verde, rojo y rosita.

LUCÍA   El mío será el verde, supongo. Es mi color favorito. (ANDREA *coge el verde para comprobar su destinatario.*) Es bonito que haya tenido un último detalle.

ANDREA   Pues no, el suyo es el azul. Como los pitufitos. ¿Le gusta el azul?

LUCÍA   Odio el azul. ¡Qué hijo de puta! Lo ha hecho por joder.

ANDREA   Pues muy probablemente, señora, muy probablemente.

(*Sale a escena* DANIELA.)

DANIELA   Enfrente no hay nadie... Este edificio parece vacío. Es raro. (*Viendo a* ANDREA.) Ah, buenos días. ¿Es usted la señorita Cifuentes?

ANDREA   Sí, yo soy la señorita esa... pero, es decir, que me puede llamar Andrea. Señorita Cifuentes es muy largo. Andrea. Si quiere, vamos.

DANIELA   (*A* LUCÍA.) ¿Qué le pasa?

LUCÍA   Es así.

DANIELA   Vale. Daniela Rivas.

LUCÍA   Mi hija.

DANIELA   Ella ya lo sabe y a mí no me gusta que me lo recuerdes.

     (DANIELA *extiende la mano, pero* ANDREA *va a darle dos besos.* DANIELA *reacciona. Le suena el móvil a* ANDREA. *Esta lo saca. Se lo da a* DANIELA, *que no entiende nada.*)

ANDREA   Huy, si es el mío, perdone. (*Recuperándolo y mirándolo.*) Perdone. Es privado. Ahora vuelvo. Perdonen. (*Contestando.*) Te he dicho que no me llames... No. ¡Lo vas a estropear!

     (ANDREA *hace mutis.* LUCÍA *y* DANIELA *se quedan solas. Silencio.*)

LUCÍA   ¿Tu hermana viene?

DANIELA   Más le vale. Yo estoy aquí porque me ha convencido ella.

LUCÍA   ¿No ibas a venir?

DANIELA   Yo no quiero su dinero.

LUCÍA   Hija, no pasa nada por sacar algo bueno de él.

DANIELA	Yo he sacado muchas cosas buenas de él.
LUCÍA	(*Pausa.*) ¡Qué raro que tu hermana no esté aquí! Es tan puntual.
DANIELA	Ya. Se le va un poco la bola.
LUCÍA	¿Sabes que, a veces, llega treinta minutos antes y se queda rondando?
DANIELA	Bueno, pero si lleva el reloj quince minutos adelantado para asegurarse de que llega a la hora.

(*Las dos se ríen. En cuanto* DANIELA *se da cuenta, se calla de golpe. Silencio.*)

LUCÍA	¿Por qué no me llamas?
DANIELA	Porque me agobias.
LUCÍA	No me coges el teléfono.
DANIELA	Por lo mismo. Mamá, no empieces.
LUCÍA	Esto no es normal, cariño mío. ¿Cuánto hace que no nos vemos?
DANIELA	En Navidad nos vimos.
LUCÍA	Por *Zoom*.
DANIELA	Pero nos vimos...

LUCÍA   Me duele que digas esas cosas.

DANIELA   Por eso no hablamos.

LUCÍA   Estás más flaca.

DANIELA   Estoy normal.

LUCÍA   ¿Quieres que te haga tu tartita de chocolate?
             Ven a casa.

DANIELA   ¿En serio quieres hablar de tu casa y del tipo
             ese que vive contigo? Lo digo porque si *quie-
             res*, empezamos...

             (*Silencio.*)

LUCÍA   Se llama Carlos.

DANIELA   No soy buena para los nombres.

LUCÍA   Ay, hija, me duele mucho que estemos así...

DANIELA   Mamá, en serio, no me apetece ponerme a dis-
             cutir contigo. ¿Tú entiendes que para mí todo
             esto es muy duro?

LUCÍA   Sí, mi amor. Lo entiendo, lo entiendo... ¿Quie-
             res un abrazo?

DANIELA   ¿Es que no tengo suficiente con que mi padre
             se haya muerto?

LUCÍA   (*Sentándose.*) Yo no sé qué he hecho tan mal, no lo sé, para que cuando nos vemos tenga que ser porque se ha muerto César.

DANIELA   Mi padre.

LUCÍA   Bueno, César, tu padre.

DANIELA   (*Encarándose.*) ¡Mi padre, mamá! Mi padre, mi padre.

LUCÍA   (*Levantándose y huyendo.*) Oh, hija, qué biológica te estás poniendo.

DANIELA   No, biológica, no, mamá. Biológica, no. Familiar. (*Silencio.*) Tampoco me gustaría que él dijese Lucía en lugar de tu madre.

LUCÍA   ¿Te dice que no me llames *mamá*?

DANIELA   No me dice nada. Y menos ahora. Está muerto.

LUCÍA   ¡Que Dios lo acoja en su Gloria!

DANIELA   Ay, mamá, para ya. ¡Qué dramática eres, coño! (*Silencio.*) También hacía tiempo que no hablaba con él.

LUCÍA   ¿Y eso, mi amor? Cuéntamelo, cuéntaselo todo a mamita.

DANIELA   Ay, *mamita*... ¡Qué vergüenza me haces pasar!

LUCÍA   (*Seria.*) Soy tu *mamita*. Te guste o no, lo soy.

DANIELA   ¿Vas a parar de una vez? ¿Quieres provocarme? ¿Eso es lo que quieres? (*Haciendo ademán de ponerse los cascos.*) Mamá, que me los pongo.

LUCÍA   Vale, vale, vale... Como tú digas.

(*Silencio.*)

DANIELA   ¿Quieres hablar? ¿De verdad quieres hablar, *mamita*?

LUCÍA   Pues ahora no sé si me estoy arrepintiendo. ¿Esta mujer podrá darnos un café?

DANIELA   Te has pasado la vida entera haciendo lo imposible para apartarme de mi padre.

LUCÍA   ¿Otra vez con eso?

DANIELA   Una niña no debe crecer sin su padre.

LUCÍA   Bueno, Jesucristo creció sin su padre y le fue muy bien.

DANIELA   ¡Le crucificaron, mamá!

LUCÍA   Porque fundó una religión. No fundes religiones y no te pasará nada.

DANIELA   Echaste de casa a mi padre. Y eso no te lo perdono. ¡No te lo perdono!

LUCÍA   (*Levantando las manos.*) ¡Vale, vale, vale! (*Silencio largo.*) ¿Has seguido yendo al psicólogo?

DANIELA   No. Ya me he gastado demasiado dinero en un desconocido para hablar de mi familia. He llegado a una conclusión: el psicólogo es un caradura y vosotros no vais a cambiar...

LUCÍA   Sobre todo, César.

             (*Sale* ANDREA *a escena. Entiende que la conversación no va con ella. Hace ademán de irse, pero no sabe cómo.*)

DANIELA   ¿Sabes lo que me decía el psicólogo? Que tú también tenías que ir.

LUCÍA   Yo estoy perfectamente.

DANIELA   ¡Ja!

LUCÍA   Para haber vivido con tu padre quince años, estoy estupenda. Y tú también. Y tu hermana. Las tres estamos estupendas.

DANIELA   (*Reparando en* ANDREA.) Pues nada, mamá. Ya hemos montado el numerito de familia disfuncional en público. Otra vez.

             (*Silencio.*)

ANDREA   (*A* DANIELA.) Y usted... y usted... y usted...

LUCÍA   ¡Arranque, mujer!

ANDREA   ¿No será libra, por cierto? (*Las dos la fulmi-nan con la mirada.*) De signo del zodíaco. Es que los libra son peleones. La gente cree que son equilibrados, pero no... No lo son. Son indecisos. Nunca saben lo que quieren, porque lo quieren todo. Tú le dices *playa o montaña*, y te dice *playa y montaña*. Que a lo mejor esto no viene al caso ahora. Yo es por romper el hielo, que he visto un poco ahí de roce.

LUCÍA   (*Autoritaria.*) ¿Podemos proceder, por favor?

ANDREA   Margaret Thatcher era libra.

LUCÍA   ¡Por favor!

ANDREA   No, no, es que, si se fija, aquí hay... (*Cogien-do los sobres.*) hay cuatro sobrecitos. Uno, dos, tres y cuatro. Cuatro sobres.

DANIELA   ¿Y qué?

ANDREA   Que para abrirlos y verlos, tiene que haber cuatro personas. Cuatro sobrecitos y cuatro personitas.

           (DANIELA *se sienta. Las tres mujeres se quedan en silencio.*)

LUCÍA   (*A* ANDREA.) Nosotras no somos siempre así.

DANIELA   No mientas, mamá.

LUCÍA   (*A* ANDREA.) Comprenderá usted que somos una familia normal...

DANIELA   ¡Ja!

LUCÍA   Enfrentadas a una situación excepcional.

DANIELA   ¡Ja! ¡Ja! ¡Ja!

LUCÍA   ¿Paras ya, Dani?

ANDREA   Mi familia es mucho peor.

LUCÍA   Muchísimas gracias, pero mire que... Muchísimas gracias.

(*Silencio.*)

DANIELA   ¿Seguís teniendo a la madre del payaso ese en casa?

LUCÍA   Carlos.

DANIELA   Que me da igual.

LUCÍA   La ha llevado a una residencia. Se ha quedado fatal la señora. Era una persona incómoda, pero capaz, y ha sido meterla en ese sitio y que se quede hecha un trapito. Pobrecita.

Ha encogido y se ha deshilachado, la pobre. Y sorbe natillas sacando la lengüita, así, como un dragón de Komodo. ¡Me da una pena!

DANIELA   Mamá, ¿qué es un dragón de Komodo?

LUCÍA   Eh... Es un reptil... Vive en Komodo... Es así, grande, con una lengua que... Ay, míralo en Internet.

               (ANDREA *lanza una imagen de un dragón de Komodo a la pantalla.*)

ANDREA   ¡Ahí está el dragón de Komodo!

DANIELA   ¡Coño!

LUCÍA   Lo importante es que a mí no me metáis en un sitio de esos. ¿Me lo prometes? (DANIELA *se ha puesto los cascos y, con los ojos cerrados, tararea en silencio.* LUCÍA *se queda cortada.*) ¡Menudo cuadro!

ANDREA   (*Señalando el cuadro de la pared.*) Ah, es mío.

LUCÍA   Lo imagino. ¿Su jefe?

ANDREA   No, no, no.

LUCÍA   ¿Su padre?

ANDREA   No, no, no. Lo compré en el Rastro. Pensé que daría ambiente al despachito. Pero luego me di cuenta de que no, de que daba miedo. La unión de colores provoca epilepsia, y si lo mira de soslayo, pues, pesadillas. Muy mala compra. Pero no lo puedo quitar.

LUCÍA   ¿Por?

ANDREA   Unos obreros muy amables se ofrecieron a incrustármelo en la pared y no supe decir que no.

(DANIELA *comienza a cantar muy mal un fragmento de «La Traviata». Lo hace tres veces ante la mirada impertérrita de las dos mujeres, antes de que* LUCÍA *no pueda más y decida intervenir.* ANDREA *toquetea el ordenador.*)

LUCÍA   Cuando era pequeña quería ser cantante, pero no puede, la pobre.

ANDREA   ¿Poca voz?

LUCÍA   Y desagradable. Yo soy cantante lírica. Ya no en activo. Doy clases. Pero, claro, imagino que la pobre criatura, de tanto oírme...

CÉSAR   (*Desde el vídeo.*) Lucía, cariño, tú no tienes ni puta idea de cantar.

LUCÍA   (*Levantándose de golpe.*) ¿Qué?

ANDREA   Ay, ay, ay, perdone, es el vídeo, que he adelantado sin querer y ha salido un fragmento de... Bueno... que... mire...

CÉSAR   Lucía, cariño, tú no tienes ni puta idea de cantar. (ANDREA *retrocede el vídeo y lo para. Respondiendo a los manejos de* ANDREA.) Ni puta idea de cantar... Ni puta idea de cantar... Ni puta idea, ni puta idea... ni pu, ni pu... Ni puta idea de cantar.

LUCÍA   (*Subiendo el tono.*) ¡Pare ese vídeo ahora mismo! (DANIELA *canta desaforada.*) Lo convertimos todo en una payasada.

           (ANDREA *lo detiene, y* LUCÍA *le quita los cascos a* DANIELA.)

DANIELA   Pero, ¿qué pasa?

LUCÍA   Para.

ANDREA   Lo siento, lo siento... Es que se ha vuelto un poco loco.

LUCÍA   Mire usted, señorita Cifuentes...

ANDREA   Puede llamarme Andrea.

LUCÍA   No quiero llamarla Andrea. La lectura estaba dispuesta para las siete de la mañana y a las siete de la mañana estaba yo aquí. Puntual. Absoluta y desagradablemente puntual. Y mi hija, también. (*Mirando su reloj de pulsera.*) Son las siete y veintisiete, así que le pido que proceda a la lectura de las últimas voluntades del finado.

DANIELA   Ay, finado, mamá, ¡qué cursi eres para todo!

LUCÍA   Porque soy cantante lírica.

DANIELA   *Eras* cantante lírica. Ahora *eres* profesora.

LUCÍA   Zorra.

DANIELA   (*Agradablemente sorprendida por la espontaneidad.*) ¡Mamá!

LUCÍA   Ay, hija, lo siento, perdona, perdona...

DANIELA   (*A* LUCÍA.) ¡Ay, mamá, no seas pegajosa!

LUCÍA   (*A* DANIELA.) ¿Me perdonas?

DANIELA   (*A* ANDREA.) ¿Leemos o no?

ANDREA   Sí, lo cierto es que las otras personas se retrasan un poquito.

LUCÍA   Es muy raro que Irene no haya llegado.

DANIELA   Da igual. Luego nosotras se lo contamos.

ANDREA   No es usual, pero...

LUCÍA   Somos familia.

ANDREA   Ya. Y la cuarta persona...

LUCÍA   ¿Persona?

ANDREA   Perteneciente al género humano.

LUCÍA   ¿Mujer?

ANDREA   Persona.

LUCÍA   Mujer.

ANDREA   Ahí yo no entro, claro. Pero bueno, viendo que ya hemos dejado unos minutos de cortesía, creo que podemos empezar...

LUCÍA   (*Confidencial a* DANIELA.) Es una mujer. Tratándose de tu padre, esa *persona* es una mujer. Ya verás.

DANIELA   Gracias. (LUCÍA *la mira sin comprender.*) Por decir *tu padre* y no César. (LUCÍA *la mira con cariño e intenta cogerle la mano, pero* DANIELA *se suelta. Silencio.* LUCÍA *lo intenta de nuevo.* DANIELA *se suelta. Lo vuelve a intentar.*) ¡Que me sueltes, coño, mamá! ¡Que no seas pegajosa!

CÉSAR   (*Desde el vídeo.*) Queridas, si estáis viendo esto es que yo he muerto.

DANIELA   ¡Papá!

CÉSAR   Daniela, cariño, sé que tú eres la que más lo va a sentir.

DANIELA   Papá, te quiero.

CÉSAR   Yo también te quiero...

DANIELA   ¡Cómo me conoces, papá, que ya sabías lo que iba a decir!

CÉSAR   ¡Hombre que si te conozco, hija! ¿Qué estás escuchando?

DANIELA   ¡*La Traviata*, papá!

CÉSAR   ¡No, hija, Lady Gaga otra vez, no!

DANIELA   No, papá. *La Traviata*, papá. ¡*La Traviata*, papá!

LUCÍA   Esto no puede ser verdad. (*A* ANDREA.) ¿Podemos ir al grano?

CÉSAR   Aquí reunidas...

LUCÍA   Reunidas, ¿ves? Reunid*as*. ¿Sabes lo que nos falta? Una zorra. Porque siendo tu padre, aquí lo que falta es una zorra. Tu padre es muy de zorras.

DANIELA   ¡Madre, coño!

LUCÍA   ¡No me llames *madre* así, que me suena a insulto!

ANDREA   Si me dejan continuar...

CÉSAR   Quien bien te quiere, te hará llorar.

ANDREA	Es mejor ponerlo desde el principio...
	(*Manipula el vídeo, que va atrás y adelante.*)
CÉSAR	Quien bien te quiere...
DANIELA	¡Yo también te quiero, papá!
CÉSAR	Te quiere...
DANIELA	(*Llorando.*) ¡Me quiere!
LUCÍA	Pero, ¿por qué me pasan a mí estas cosas?
ANDREA	Lo voy a poner otra vez...
CÉSAR	Quien bien te quiere, quien bien te quiere, quien bien te quiere...
DANIELA	(*Dando saltos.*) Papá, papá, papá, ¡me quiere papá!
LUCÍA	Oye, por favor, que es un vídeo.
DANIELA	¡Es mi padre!
LUCÍA	¡Oh! (*A* ANDREA.) ¿Puede, por favor, decirnos usted en qué consiste esta tontería? Se lo pido *por favor.* ¿Quiere que suplique? Porque estoy dispuesta a suplicar para que esto termine. ¿Quiere ver usted a una cantante lírica prematuramente retirada suplicando? (*Quitándose los tacones.*) Pues nada, yo me arrodillo y suplico...

ANDREA   No, no, perdone, señora. Es el vídeo, que no está muy fino.

LUCÍA   ¿Puede leer?

ANDREA   Don César Rivas...

DANIELA   ¡Papá!

ANDREA   En pleno uso de sus facultades físicas y mentales...

LUCÍA   Mira que lo dudo.

ANDREA   Blablablá, blablablá, blablablá...

LUCÍA   Vaya al *blablablá* del final.

ANDREA   Está dispuesto a dejar la cantidad de un millón de euros a cada una de sus herederas con la condición de que cada una de las susodichas abra el sobre que le corresponda, asignado por colores, y vea hasta el final el contenido del vídeo incluido en el referido sobre.

(*Silencio.*)

LUCÍA   ¿Y qué hay en los vídeos?

ANDREA   Lo que piensa de ustedes. El asunto es sencillo: ustedes ven hasta el final el vídeo que el señor Rivas ha dejado a su nombre, en una funda del mismo color que el sobre, un vídeo donde les habla con absoluta sinceridad, y a cambio reciben un millón de euros.

CÉSAR   Si escucháis dos minutos treinta de mi descarnada sinceridad, os caerá un millón de euros. ¿Aceptáis un millón de euros a cambio de airear vuestros secretos más vergonzosos delante de la gente que más os importa?

LUCÍA   Es que ni muerto deja de joder.

(La imagen de CÉSAR *desaparece del vídeo. Silencio.)*

DANIELA   ¿Un millón?

ANDREA   Un millón de euros. Al terminar los cuatro vídeos, obtendremos un código bancario y con él podré efectuar la transferencia del millón.

DANIELA   Pero... ¿cómo que un código?

ANDREA   Un código. Un codiguito. De ocho cifras. Sale al final de los cuatro vídeos. Dos cifras en cada uno.

LUCÍA   ¡Qué hijo de puta retorcido!

DANIELA   ¡Mamá!

LUCÍA   A ver, muy normal no es...

ANDREA Ya, pero te cae un millón con la tontería. ¿Es raro? Es raro, es raro, es raro. ¿Y compensa hacer todo esto? Pues si te van a dejar, por ejemplo, un paraguas, no. Pero por un millón...

LUCÍA ¿Para la zorra, también?

ANDREA Para la zorra, también. Un millón para cada una. (*Mostrando el testamento.*) Lo pone aquí.

(LUCÍA y DANIELA *silban al unísono, admiradas.*)

DANIELA ¿Tanto dinero da la cosa esa de la agencia de viajes?

LUCÍA Sí. Da mucho.

DANIELA Yo pensaba que éramos una familia de clase media, tirando a pobre.

LUCÍA Tu hermana, tú y yo somos clase media *asfixiada*. César era otra cosa.

ANDREA Es que el negocio iba muy bien en los últimos años. A tenor de las cifras que manejo, claro. Y el señor Rivas, bueno... antes de... es decir, cuando... a ver, cuando podía, porque no estaba muerto, luego ya no le era posible, porque... bueno... no tenía cuerpo y... A ver, que vendió la agencia turística y se deshizo de un piso aquí, unas acciones allá...

DANIELA ¿Cuál es mi sobre?

ANDREA   El rojo.

LUCÍA   ¿Lo vas a ver?

DANIELA   Pues claro. Es la última voluntad de mi padre.

LUCÍA   Se te llena la boca cuando dices *mi padre*.

DANIELA   (*Sobrepronunciando.*) *Mi padre.* (*A* ANDREA.) Dame mi sobre.

LUCÍA   Espera, espera un momento. (*A* ANDREA.) ¿Solo hay que ver el vídeo?

ANDREA   Sí, dos minutos treinta viendo el vídeo y el millón es suyo.

LUCÍA   Es una trampa. Tiene que ser una trampa. ¿Por qué ha decidido venderlo todo? ¿Por qué justo antes de morir?

DANIELA   Joder, mamá. ¿Ya estamos?

LUCÍA   Aquí hay gato encerrado. Te lo digo yo.

ANDREA   Por ese dineral será *tigre encerrado*. (LUCÍA y DANIELA *la miran.*) Más que gato encerrado, que es pequeño, tigre encerrado. Me callo, que todo esto no es asunto mío.

LUCÍA   ¿Me deja echar un vistazo al testamento?

ANDREA   Claro que le dejo. Faltaría más.

(LUCÍA *le echa un vistazo. Se lo devuelve.*)

LUCÍA   No entiendo nada.

ANDREA   Natural. Es que hay que estudiar para enten-
             der estas cosas. Es como un lenguaje secreto.
             Hay que tener paciencia. Es como... estudiar
             chino, que parece difícil, pero cuando sabes
             pues... puedes pedir, por ejemplo, pollo *kum-
             pao* y saber lo que es *kumpao*. Me callo.

LUCÍA   ¿Y qué hay en esos vídeos, que está dispues-
             to a pagar un millón de euros solo para que
             los veamos?

DANIELA   Pues la verdad. Ya lo ha dicho papá.

LUCÍA   No, no, la verdad no. César nunca ha dicho la
             verdad. No sabría por dónde empezar.

DANIELA   ¿Te van a dar un millón de euros y todavía te
             quejas? ¿En serio, mamá? ¡Desagradecida! (*A*
             ANDREA.) Anda, trae mi sobre.

             (ANDREA *le da su sobre a* DANIELA, *que lo abre,
             mientras* LUCÍA *habla.*)

LUCÍA   No, no, no... Ahí está la trampa. Tiene que ha-
             ber algo siniestro detrás de esos dos minutos
             y medio.

DANIELA   Como te dé la gana. Si tú pasas de ver el tuyo,
             guay, sigue sufriendo dando clases a tus zari-
             güeyas. (*A* ANDREA.) Anda, pon el mío, *friki*.

ANDREA   Ponemos el vídeo.

LUCÍA   Espere, espere. Vamos a pensarlo bien.

DANIELA   Yo no tengo nada que pensar.

ANDREA   Sí, muy bien, muy bien, pero, ¿qué es eso de *friki*?

DANIELA   Quiero ver el vídeo que me ha dejado mi padre.

ANDREA   ¿Quién es *friki*?

LUCÍA   Calle, calle un momento, por favor. (*Pensativa.*) Yo ahora, en este momento, haría cualquier cosa por un millón de euros. Y él lo sabe.

ANDREA   Lo sabe.

LUCÍA   ¿Qué pretende? Bueno, cualquier cosa...

ANDREA   Cualquier cosa, cualquier cosa.

LUCÍA   *Casi* cualquier cosa.

ANDREA   No hay que ponerse digna. Hágame caso. Cualquier cosa, cualquier cosa... ¡Un millón! Con eso te puedes comprar un caballo. Bueno, yo un pony, claro. Soy bajita. Se nota, pero yo lo digo. ¡Por los ciegos!

LUCÍA   (*A lo suyo.*) No haría daño a mis hijas. Ni por un millón haría daño a mis hijas.

DANIELA   Porque ya lo haces gratis.

LUCÍA   ¡Para, Dani! Hazme caso. Conozco a César. Le conozco y te digo que esos vídeos son las siete trompetas del Apocalipsis...

ANDREA   Pero en multimedia. Porque es un vídeo. Me callo.

LUCÍA   Hay que pensarlo bien. Un millón es un millón, pero César es César.

DANIELA   Yo no tengo miedo a mi padre.

LUCÍA   Porque no le has tratado lo suficiente. Es un manipulador.

ANDREA   Claro, es que es géminis.

LUCÍA   ¿Qué?

ANDREA   El señor Rivas. Géminis. Los gemelitos. Dos personalidades.

LUCÍA   ¿Qué está diciendo?

ANDREA   Es como vivir con dos personas distintas. Uno es encantador y el otro... un poquito *hijoputa*. Uno te deja un millón de euros, pero es que el otro, se aburre, y, entonces, pues te hace la puñeta y te graba un vídeo misterioso. ¡Uuuuuuuh! No es que no les veas venir, es que no les ves marcharse. Son los timadores del zodíaco.

LUCÍA   Exacto. Escúchala. La señorita rara sabe lo que dice.

DANIELA   ¿En serio, mamá, tú la has escuchado?

ANDREA   Es que leí un libro. Del zodíaco. Muy gordo. Muy rojo. Y las cosas se me quedan. Tengo memoria *eidética*.

LAS DOS   ¿Memoria *qué*?

ANDREA   *Eidética*. Del griego *eidetikós*. Perteneciente a las ideas. Eidética.

     (DANIELA, *mientras hablan, coge el DVD de su sobre y lo mete en el ordenador.*)

LUCÍA   ¿Qué es eso?

ANDREA   Memorizo todo lo que veo. Se me queda. Por eso sé hacer *lasagna* de coliflor. ¿Está buena? No. Pero lo leí y se me quedó. Acumulo información inútil. También puedo montar cualquier mueble de Ikea.

DANIELA   Hala, ya está puesto el mío. ¿Dónde hay que darle, *friki*?

ANDREA   ¡Ah, que la *friki* soy yo...!

     (ANDREA *comienza a manipular el ordenador.*)

LUCÍA	Lo dice en el buen sentido. No se lo tenga en cuenta. Es bruta de carácter, pero una bellísima persona.
	(*Imagen de* CÉSAR *en vídeo.*)
CÉSAR	(*Desde el vídeo.*) Cariño mío, Daniela, mi amor...
DANIELA	¡Papá!
CÉSAR	Sí, hija, papá. Tu papá. ¡Tu papaíto!
LUCÍA	¡Qué grima, por Dios!
CÉSAR	Lucía, que nos conocemos.
LUCÍA	¡Coño con el difunto!
CÉSAR	De pocas cosas estoy realmente orgulloso en esta vida.
LUCÍA	¿Por qué será?
DANIELA	¡Cállate, mamá!
CÉSAR	La más bonita de todas has sido tú, cariño mío. Recuerdo la alegría que sentí el día en el que te cogí en brazos por primera vez. Eras tan pequeña. Me hiciste muy feliz. A tu madre, no. Ella prefería un chico.
LUCÍA	¡Hijo de puta!

CÉSAR	Por eso te llama Dani, que, si te fijas, es nombre de chico.
LUCÍA	¡Hijo de la grandísima puta!
CÉSAR	Yo te llamo Daniela. Ella, no.
DANIELA	(*Ofendida.*) ¿Perdona?
LUCÍA	Ya estamos.
DANIELA	¿Querías que fuese un niño?
LUCÍA	Pero me encanta que seas una niña.
CÉSAR	Ella decía que ya tenía una niña y que otra, le sonaba como a algo... *repetido.* ¿Eh, Lucía?
DANIELA	(*Más ofendida.*) ¿Repetida? ¿Tú crees que estoy *repetida*?
LUCÍA	¡La trampa, aquí está la trampa! ¡Es la maldición de César!
DANIELA	(*Furiosa, a* ANDREA.) ¡Para el vídeo ahora mismo, *friki*!
ANDREA	Claro, claro que sí. Pero eso de *friki*, ¿por qué a mí?
DANIELA	¡Que lo pares!

ANDREA   Lo paro, lo paro... Espere... Huy, se me rebela el ordenador. Para adelante y para atrás otra vez. ¡Malditas máquinas!

(LUCÍA *avanza y cierra el portátil de golpe. Se apaga el vídeo. Silencio.*)

DANIELA   ¿Tú has dicho que yo estaba *repetida*?

LUCÍA   Esto es lo que César quería. Que nos peleásemos.

DANIELA   Pero si nos peleamos a todas horas. Anda ya. ¡Contéstame, mamá! ¡¿Repetida?! ¿Tú has dicho eso?

LUCÍA   Un poquito. Una vez. Dije que me hacía ilusión tener un niño.

ANDREA   La parejita.

LUCÍA   ¡Exacto! ¡La parejita! Pero me arrepiento. Me arrepiento mucho.

DANIELA   Eso explica tantas cosas, mamá. ¡Tantas cosas! (*A* ANDREA.) Anda, pon el vídeo.

LUCÍA   ¿Qué explica que yo dijese —en un instante tonto de embarazo con el cuerpo dolorido y un calcetín de cada color, porque hacía tres semanas que no me veía los pies— que ya tenía una niña y quería un niño?

DANIELA   ¿Mi embarazo fue un *sufrimiento*?

LUCÍA   Como todos, mi amor. Ahora no lo entiendes, pero más adelante...

DANIELA   Pero Irene sí lo entiende, claro, como es perfecta y no está *repetida*.

LUCÍA   No, hija mía, no. Cariño, no. No digas eso, Dani.

DANIELA   Daniela. Soy una chica, mamá. Tengo tetas.

ANDREA   Bueno, eso no es lo que nos hace chicas. Mi tío Alfredo también tiene tetas. Enormes. Es como una vaca lechera, pero en perito agrónomo.

LUCÍA   ¿Puede dejarnos solas?

DANIELA   No te muevas de aquí, *friki*.

ANDREA   Yo preferiría que dejase de llamarme *friki*. Es que me mina la moral. Y no es un terreno en el que esté muy fuerte, que digamos.

DANIELA   Vale, mamá. Ya lo he entendido. La prefieres a ella porque es la original. Yo soy la copia de los chinos. (*A* ANDREA.) Anda, dale a esa cosa. (*A* LUCÍA.) Y luego te preguntas por qué no quedamos.

            (ANDREA *comienza a manipular el ordenador.*)

LUCÍA   Cariño mío...

DANIELA   Que no te hablo...

LUCÍA   Daniela, mi amor...

DANIELA   (*Tapándose las orejas.*) Habla chucho, que no te escucho.

LUCÍA   Ay, Dani, no llames *chucho* a tu madre, que te quiere.

DANIELA   ¡Que no me llames *Dani*!

ANDREA   Y este solo ha hablado treinta segundos...

CÉSAR   (*Desde el vídeo.*) Recuerdo cuando tenías siete añitos y viniste llorando a mi despacho. Estabas asustada, porque, a pesar de tu corta edad, entendías la gravedad de lo que había sucedido...

DANIELA   (*Levantándose.*) ¡Quítalo, quítalo! ¡Que lo quites! Ya está. Se acabó.

               (DANIELA *apaga el vídeo. Las tres mujeres se miran. Silencio.*)

ANDREA   ¿Qué es lo que usted... bueno, qué era esa cosa grave que entendía?

DANIELA   ¡Que se ha acabado, coño!

(*Se aparta, se sienta y se pone los cascos. Silencio. Comienza a tararear.*)

LUCÍA   (*A* ANDREA.) ¿Qué es eso que le asustó tanto?

ANDREA   Pues si no lo sabe usted, que es su madre...

LUCÍA   Es que suena...

ANDREA   Suena...

LUCÍA   Suena...

ANDREA   Suena, suena... ¡Leches, que si suena! Más que una carraca suena.

(*Silencio.* LUCÍA *se acerca a* DANIELA.)

LUCÍA   Hija mía.

(DANIELA *canta, desafinando, un fragmento de* «*Las bodas de Fígaro*». LUCÍA *le quita los cascos.*)

DANIELA   ¡Pero, ¿qué haces, madre?! ¡Que no toques mis cosas!

LUCÍA   Cariño mío...

DANIELA   ¿Qué?

LUCÍA   ¿Por qué no quieres terminar de ver el vídeo de papá?

DANIELA   Ay, mamá. No empieces. No lo veo y punto. Pon el tuyo.

LUCÍA   ¿Qué fue eso tan terrible que te pasó, y que te asustó tanto, y que le contaste a César, pero no a tu madre, a tu mamita querida?

DANIELA   Cosas mías, *mamita*. (*A* ANDREA.) ¿Tengo que verlo con ella delante?

ANDREA   Lo compruebo.

LUCÍA   Hija mía, ¿qué le contaste a tu papaíto?

DANIELA   ¿Te has vuelto tonta, madre?

LUCÍA   Que no me llames *madre*, que suena a insulto.

DANIELA   *Madre.*

ANDREA   Tiene que verlo con ella delante. Ya lo siento.

LUCÍA   ¿Te tocó alguien?

DANIELA   ¿En serio? Eres una dramática.

LUCÍA   ¿Pero hija, qué pasó?

DANIELA   Haberte enterado, que estabas en casa.

(*Sale a escena, hiperventilando, como una tromba de locura,* IRENE. *Se trata de una chica espigada, con carita de cervatillo, y que viste sencilla, con varias manchas de difícil identificación en la ropa.*)

IRENE   ¡Ay, mamá; ay, mamá; ay, mamá!

LUCÍA   ¡Ay, Irene, hija mía, ¿qué te pasa?!

DANIELA   La que faltaba.

          (IRENE *corre alrededor de la mesa, dándose aire, e intentando respirar.*)

IRENE   ¡Mamá, mamá, mamá!

LUCÍA   Pero, hija, ¡¿qué pasa?!

IRENE   ¡Tragedia absoluta! Me muero, me muero, ¡que me muero!

LUCÍA   (*Persiguiéndola.*) Hija, siéntate, siéntate. ¡Siéntate, cariño!

IRENE   ¡Mamaíta, mamaíta, mamaíta!

ANDREA   ¿Y esto es siempre así?

DANIELA   Y peor.

IRENE   ¡Ay, mami, ay, mami, ay, mami, ay, mami, ay, mami, ay, mami!

          (LUCÍA *cae sentada, mientras* IRENE *sigue dando vueltas, muy nerviosa.*)

LUCÍA   La pillo en la siguiente vuelta, que me he mareado.

IRENE   ¡Mamá, mamá, mamá! ¡Me ahogo, me ahogo!

ANDREA   (*Persiguiéndola.*) ¡Yo tengo *Ventolín*! ¡Tengo *Ventolín*!

DANIELA   Déjala, que todo es un número.

IRENE   ¡Me mareo, me mareo! ¡Lo veo todo borroso! ¡Me estoy quedando ciega! ¡Y, encima, me muero! ¡Me muero!

(Al pasar a su lado, LUCÍA la atrapa y la sienta.)

LUCÍA   ¡Que te sientes, cariño! ¡Que te sientes de una vez!

IRENE   ¡Vale! Me muero sentada... pero, ¡me muero, me muero!

(IRENE se da aire con las manos, mientras se le pone cara de ir a llorar.)

LUCÍA   ¿Qué ha pasado? Respira. ¡Respira! Respira, cariño. Todo es respirar. Empieza respirando y lo demás vendrá solo. Respira. Inspira. Espira.

DANIELA   Es lo único que sabe decir. ¿Que me caía jugando?, respira, cielo; ¿que me daba miedo el dentista?, respira, cariño; ¿que me dejaba mi novio?, respira, nena; ¿que echaba a mi padre de casa?, respira, coño.

ANDREA   Es que respirar es importante. Si no lo haces, te mueres. Te lo digo yo, que soy asmática.

LUCÍA   Ay, nena, respira, que estás hiperventilando.

IRENE   ¡No quiero respirar! Estoy muy cómoda hiperventilando.

ANDREA   ¿Pero qué pasa? Yo pregunto como testigo imparcial y sorprendido.

DANIELA   Nada. Ya lo verás.

LUCÍA   Mi vida, cuéntame. Cuéntaselo a mamita.

IRENE   (*Abrazándola.*) ¡Mamita!

DANIELA   ¡Qué vergüenza! ¿No veis que la *friki* está mirando?

ANDREA   Yo insisto en que no me llame *friki*. Es que me recuerda mucho al colegio y me entra ansiedad. Un nivel moderado. Nada que ver con ella, claro.

LUCÍA   (*A* ANDREA.) Traiga agua, por favor.

ANDREA   Ahí voy.

(ANDREA *hace mutis corriendo.*)

IRENE   ¡Mamá, voy a ir al Infierno! ¡Y me voy a en-
          contrar con papá!

LUCÍA   ¡¿Pero qué ha pasado, cariño?! Arranca de una
          vez, que a este paso no nos enteramos.

IRENE   El niño.

LUCÍA   ¿Pablito?

IRENE   (*Llorando más.*) Pablito, mi Pablito, ¡mi niño!

LUCÍA   ¿Qué le pasa?

DANIELA   Pues nada. Como siempre que esta colapsa.

LUCÍA   ¡Calla! Cuéntame, mi vida. ¿Qué le pasa? ¿Está
          Javier con él?

          (*Sale corriendo a escena* ANDREA *con un vaso de
          agua.*)

ANDREA   ¡El agua!

LUCÍA   (*A* ANDREA.) Gracias. Traiga. (*A* IRENE.) Toma,
          mi amor. Bebe.

          (IRENE *bebe.*)

IRENE   (*Llorando.*) Está caliente.

LUCÍA   Pero, mujer, ¿cómo me trae agua caliente?

ANDREA   Es que no sale fría. El grifo se ha atascado y... vueltas... y no.

LUCÍA   Póngale hielo.

ANDREA   ¿Al grifo?

LUCÍA   ¡Al agua!

ANDREA   Claro que sí.

(ANDREA *hace mutis corriendo.*)

IRENE   Mi niño, mi niño precioso...

LUCÍA   Pero, ¿qué le pasa, mi amor? ¡¿Qué le pasa?!

IRENE   Ha vomitado.

DANIELA   ¿Ves, *madre*? Una chorrada.

IRENE   Ha vomitado mucho. ¡Muchísimo! No sé cómo cabía tanto vómito en algo tan pequeño. Parecía la niña de *El exorcista*, pero en versión rolliza.

LUCÍA   Pero, a ver, mi amor... ¿cuántas veces ha vomitado Pablito?

IRENE   Una. Cuando yo iba a salir de casa. Y Javier me ha dicho *no te preocupes, ve.* Y yo he venido. Y en el taxi me he dado cuenta de que soy una mala madre. Mi niño vomitando, ¡con un añito y vomitando!, y yo aquí, porque quiero heredar. (*Llorando a gritos.*) Soy una mala madre. ¡Una mala madre, codiciosa y avariciosa! Voy a ir al Infierno.

LUCÍA   Ay, mi amor, pero los niños vomitan.

IRENE   Olía muy mal. Mi niño es precioso, y ese vómito era el de un indigente alcohólico, adicto a chupar productos radioactivos. ¡Se me ha podrido, mi nene se me ha podrido como una chirimoya!

DANIELA   Y así todos los días.

LUCÍA   Mi amor, los niños son como son. Muy bonitos por fuera, pero muy malolientes por dentro.

IRENE   ¿No pasa nada?

LUCÍA   No pasa nada.

IRENE   ¿Está bien?

LUCÍA   Está perfecto.

IRENE   ¿Y cómo sé cuándo soy mala madre?

DANIELA   Cuando te parezcas a la nuestra.

(*Sale a escena* ANDREA *con un molde para el hielo pegado a una mano.*)

ANDREA   Perdón que interrumpa, pero es que se me ha pegado esto a la mano. Es por el frío. Como es metal... Se ha pegado y ahora no puedo despegarlo. Tiro, pero me duele y no me quiero quedar sin piel en la palma de la mano. Es decir, si puede ser. La necesito. Por el móvil, que se me enciende con la huella.

LUCÍA   (*Yendo hacia ella.*) Ay, por Dios, pero, ¿quién tiene cubiteras de metal en el siglo XXI? Vamos a echarle agua caliente. (*Iniciando mutis.*) Pobre mujer.

ANDREA   No es la primera vez que me pasa, no se crea.

(*Mutis de las dos.*)

IRENE   Pero, ¿qué pasa aquí? ¿Ya estáis enfadadas?

DANIELA   Es ella. ¿Sabes que quería un chico?

IRENE   ¿En su vida?

DANIELA   Después de ti quería un niño. Yo soy un error biológico. Estoy repetida. Soy la copia mala de los chinos.

IRENE   ¿Yo soy *Hércules* y tú, *Fércules*? ¿Quién te ha dicho eso?

DANIELA   Papá.

IRENE   (*Con sorpresa.*) ¿Tenéis una *ouija*?

DANIELA   A ver, resumiendo lo que está siendo una mañana rara, rara, papá nos deja un millón...

IRENE   ¿Papá tenía un millón?

DANIELA   Cuatro.

IRENE   ¿Pero nosotras no éramos pobres de niñas?

DANIELA   La misma sorpresa me he llevado yo. Bueno, que nos deja un millón de euros a cada una con la condición de que veamos un vídeo donde nos manda una especie de mensaje desde el más allá. Una cosa tope siniestra, pero cariñosa, creo. No sé. Ya sabes cómo es.

IRENE   ¿Y en tu vídeo dice que mamá quería que fueses un chico?

DANIELA   Y luego mamá ha decidido que me han tocado, y...

IRENE   ¿Que te han tocado el qué? (*Entendiendo.*) Espera, espera... ¿quién te ha tocado? ¿Habéis llamado a la policía?

DANIELA   ¡Que no me ha tocado nadie, coño!

IRENE   ¿Y se lo contaste a papá antes que a mamá o a mí? Mira, me duele, ¿eh? Me duele mucho.

DANIELA   Se lo conté a papá porque mamá prefería cantar a cuidar de mí, y tú solo pensabas en chicos y en tus amigas medio gilipollas.

IRENE   Eso es muy injusto, Dani.

DANIELA   Daniela. Soy una chica.

IRENE   Yo era una adolescente.

DANIELA   Y yo una niña, y mamá una egoísta.

             (*Salen* LUCÍA y ANDREA *a escena.*)

IRENE   Daniela, yo siempre te he querido muchísimo.

DANIELA   A mí y a cualquiera que tuviese moto.

IRENE   Me duele mucho que digas esas cosas.

             (LUCÍA *va hacia la mesa de* ANDREA *con decisión.*)

LUCÍA   A mí también, hija. Hoy está agresiva, ¡qué le vamos a hacer!

IRENE   Sí, le pasa mucho. Lo soluciona todo insultando.

DANIELA   ¿Podéis dejar de hablar de mí como si no estuviese delante? ¡Siempre igual!

IRENE   Aunque, hay que comprender que, si te han tocado...

DANIELA   Que no, coño, que no me tocó nadie. A ver si te han tocado a ti, lista.

(LUCÍA *activa el vídeo.*)

CÉSAR   (*Desde el vídeo.*) ...porque acababas de electrocutar al hámster de tu hermana.

(*Silencio.*)

DANIELA   A ver, que fue sin querer.

IRENE   ¿Sin querer?

CÉSAR   Te hacía ilusión ver si se iluminaba como las luces del arbolito de Navidad. Pero no se iluminó. Se carbonizó.

DANIELA   Es verdad, que luego la habitación olía como un *Burger King.*

IRENE   ¿Tú mataste a mi hámster?

ANDREA   Mujer, entre abuso o ejecución de roedor, pues yo me quedo con la muerte del roedor, que es trágica, pero se supera.

IRENE   (*A* DANIELA.) ¿Me estás diciendo que tú fuiste la responsable de la electrocución de mi hámster, y que yo llevo toda la vida cargando con la culpa? ¿Me estás diciendo que lloro cada vez que veo a Mickey Mouse por nada? ¿Eso es lo que me estás diciendo, Dani?

LUCÍA   No la llames *Dani*, que le molesta.

DANIELA	Me molesta que me lo llames tú. Ella me puede llamar como quiera.
IRENE	Ahora que sé que has matado a mi hámster.
DANIELA	(*Sonriendo.*) Siempre, hermanita.
IRENE	¿Tú entiendes que me despierto todas las noches gritando convencida de que Pablito se ha electrocutado por morder el cable de la tele?
DANIELA	A ver, Irene, que era un ratón asqueroso. ¿Cuál era su esperanza de vida? ¿Dos años? Pues se la dejé en siete meses. Lo siento, pero cuando eres un bicho grimoso, a lo mejor, alguien va y te electrocuta.
IRENE	Pero, ¿tú no sabes cómo soy?
DANIELA	Por eso no te dije nada. Para que no te pusieses así.
LUCÍA	Irene, cielo, tampoco saques las cosas de quicio.
IRENE	¿Ya la estás defendiendo?
ANDREA	Solo dice que fue un accidente. Desafortunado para el roedor, eso sí.
LUCÍA	Haz caso a la señorita rara, Irene, que, a lo mejor no lo parece, pero sabe lo que dice.

IRENE   Muy bien, mamá. Muy bien. ¿Y qué pasa con mi sentimiento de culpa? ¿Qué pasa con la angustia? ¿Qué pasa con los malos ratos?

DANIELA   ¿Quieres hablar de malos ratos?

IRENE   Quiero hablar de noches enteras de no dormir pensando que si no había sido capaz de mantener con vida a un puto hámster que vivía en una jaula, ¿cómo coño iba a ocuparme de un niño pequeño que repta por toda la casa?

ANDREA   ¿El niño repta?

IRENE   No se puede llamar *gatear* a lo que hace. Es muy mono, pero torpe.

LUCÍA   (*Muy melosa.*) Ay, es verdad que es torpe Pablito.

IRENE   Ha salido a mí.

ANDREA   ¡Y a mí! Circunstancialmente, porque no le conozco. Es que yo también soy torpe. Me callo.

DANIELA   (*Seca.*) Muy bien. Siento lo de la rata esa asquerosa. Lo siento. Tenía solo siete años. Ya está. ¿Contenta? Tú no hiciste nada mal y yo lo hago todo mal.

LUCÍA   No es eso, Dani.

IRENE   A mí sí me parece que es eso, mamá.

DANIELA   Ninguna vinisteis al entierro de papá. ¡Ninguna! Me dejasteis sola. Así que no me hables ahora de ratones calcinados. Se murió. Supéralo. (*Llorando, desconsolada.*) Igual que yo supero la muerte de mi padre, con gran dignidad y entereza. A tomar por culo. ¡Me largo!

(DANIELA *inicia el mutis, pero* LUCÍA *corre a interceptarla.*)

LUCÍA   Espera, espera, cariño.

DANIELA   Déjame en paz.

(LUCÍA *la coge por las muñecas.*)

LUCÍA   Para. Espera. Relájate. Respira. Respira, mi amor. Inspira. Espira.

DANIELA   (*Forcejeando.*) ¡Que no quiero respirar, coño!

(LUCÍA *la abraza y* DANIELA *se echa a llorar.*)

LUCÍA   Lo siento mucho, Daniela. Lo siento mucho. Tienes razón. Tenía que haberte acompañado. Fui egoísta y estúpida.

DANIELA   Como siempre.

LUCÍA   Perdóname. No pensé más que en las sensaciones que a mí me provocaba, y no entendí lo que significaba para ti. Lo siento mucho.

(LUCÍA y DANIELA *permanecen abrazadas*. IRENE *va a sentarse*.)

IRENE   Da igual lo que a mí me pase. A la que consuelan es a ella. Yo puedo estar traumatizada por lo del hámster, pero es a ella a la que abrazan. Siempre igual.

ANDREA   Ah, pues qué frustrante, ¿no? A mí tampoco es que me hagan mucho caso, le diré. Mire, un ejemplo. Cuando voy a pasar, las puertas automáticas nunca se abren y me doy de morros.

IRENE   Y luego tiene el descaro de decir que no la quiero. No la maté mientras dormía cuando era niña; la quiero mucho más de lo que se merece. (*Extendiendo la mano*.) Irene Rivas.

ANDREA   (*Dándole la mano*.) Andrea Cifuentes.

LUCÍA   ¿Mejor, Daniela?

DANIELA (*Limpiándose las lágrimas*.) Dani.

(DANIELA *se aparta de su madre*.)

IRENE   (*A* ANDREA.) Siempre es así. Mi hermana podría matar a una manada de focas bebé y mis padres solo se preocuparían de cómo se siente ella. Y luego es la víctima. Claro. Ser su hermana mayor es muy complicado.

ANDREA   No sé si es cosa mía, pero noto un poquito de rencor.

IRENE   Depende del día. A veces es odio.

DANIELA   (*Apartándose.*) Estoy bien. Ya se me ha pasado. Ya está.

ANDREA   No es bueno tragarse los sentimientos, porque se te enganchan en el estómago, y, al final, los vomitas, doña Daniela. Doña Dani. Me callo.

DANIELA   (*Sentándose lejos de ellas.*) Ya está. Tranquilas. No voy a vomitar. He respirado. Poned mi vídeo. Da igual. Todo da igual.

LUCÍA   Cariño, estuvo mal dejarte sola. Teníamos que haber estado a tu lado. Ya lo hemos reconocido.

DANIELA   (*Por* IRENE.) Ella, no.

IRENE   A ver, yo es que llevaba mucho tiempo sin ver a papá. Además, estoy en contra de enterrar residuos. Ni plásticos, ni chismes radioactivos, ni a mi padre. Y, sinceramente, Dani, no puedes pretender que yo olvide cómo se portó cuando éramos niñas, porque tú lo hayas hecho.

DANIELA   Os daba igual.

IRENE   No me daba igual. Te lo aseguro.

LUCÍA	Tu padre, Dani, bueno... despertaba sentimientos intensos. Para mí... ¿Sabéis una cosa? César y yo... bueno, es complicado. Hace dos años intenté volver a... estar con él... con vuestro padre.
IRENE	¿Qué?
ANDREA	Vale, vale... Lo intentó, pero, ¿lo consiguió?
LUCÍA	Quedamos para hablar de una cosa de la hipoteca del piso, porque César... Da igual. Una cosa llevó a la otra y acabé zumbándomelo...
DANIELA	Acabo de vomitar hacia dentro.
LUCÍA	Ay, Dani, hija, solo es sexo.
IRENE	Con papá. Eso es asqueroso, mamá.
LUCÍA	Pero de dónde creéis que venís vosotras dos.
IRENE	De París. Estoy yendo a sesiones de hipnosis para creérmelo.
ANDREA	Perdone, pero yo no termino de entender la relación entre una hipoteca y el coito.
LUCÍA	(Sonriendo.) Volver a pelearme con César, me puso tontorrona y... y...
IRENE	Pues madre, haberle mandado un *burofax*...

LUCÍA   (*Riendo.*) No sabía yo que había educado a dos mojigatas.

ANDREA   Bueno, ¿y qué pasó? Que me interesa. No por nada. Como cuando ves un culebrón. De los de la tele. No es que sea una culebra gorda.

LUCÍA   Se cruzó en su radar una de las múltiples zorras de su vida, y ya no hubo sitio para mí. Imagino que las cosas suceden por algo, ¿no?

ANDREA   ¿Y... y en qué fecha sucedió este curioso incidente del que nos habla?

LUCÍA   Hace dos años. No, un poco más. Casi tres.

IRENE   No dijiste nada.

LUCÍA   No quería que os hicieseis ilusiones.

IRENE   Mamá, las dos somos adultas.

DANIELA   Ay, hubiese sido tan bonito volver a estar juntos los cuatro.

IRENE   Vale. Yo soy adulta.

ANDREA   Bueno, y entonces... ¿quieren seguir viendo el vídeo o ya han tenido suficiente sinceridad, así por la mañanita temprano?

LUCÍA   A ver, yo creo que si, al final, solo son tonterías domésticas...

DANIELA Y ponemos el de mamá...

(DANIELA *va hasta el ordenador y saca el suyo. Lo coge y se lo guarda.*)

LUCÍA Mi vídeo. (*Pausa.*) ¿Y no prefieres que pongamos el tuyo, Irene?

IRENE ¿El mío? Yo no pienso poner el mío en la vida. ¡En la vida! (*A* DANIELA.) Tú has matado un ratón y casi significa el final de esta mierda de familia. No. No pienso poner el mío. Yo soy sensible. Todas estas cosas me afectan mucho. Luego no duermo. Tengo pesadillas. Aprieto tanto la mandíbula que se me encaja y luego no puedo abrir la boca. ¡En la puta vida lo voy a poner!

DANIELA ¿Y vas a pasar de tu millón?

IRENE Bueno, puedo quedarme con la agencia. Sería lo más lógico.

ANDREA Pues ya no está. La vendió. A unos chinos. Muy majos, muy bajitos. Así, con los ojitos estirados. De ahí, de la venta de todas sus posesiones, sale el dinero que se repartirá entre las herederas.

DANIELA Espera, espera, ¿qué significa eso de que *sería lo más lógico*?

IRENE A ver, no te la va a dejar a ti. Sería una locura.

DANIELA   Yo también podría llevar el negocio de papá.

IRENE   Tú electrocutaste a mi hámster. No estás preparada para llevar nada.

DANIELA   ¿Y tú, sí?

IRENE   Soy la más responsable.

DANIELA   Y yo soy la más creativa.

IRENE   Ya me dirás tú para qué sirve la creatividad en una agencia de viajes.

DANIELA   Para hacerla crecer, por ejemplo.

IRENE   Lo único que has hecho crecer en tu vida ha sido marihuana.

DANIELA   Y se me dio muy bien. Vino la policía y todo.

LUCÍA   (*Dando una palmada.*) Bueno, ¡se acabó! No os peleéis. Ponemos el mío. Lo ponemos, y ya está.

ANDREA   ¡Esa es la actitud! ¡Qué diantre!

(ANDREA *va hacia el ordenador.*)

DANIELA   (*A* IRENE.) Ha dicho *diantre.* ¿Quién dice *diantre?*

IRENE	Pues esta chica. ¿No ves que tiene problemas graves?
	(IRENE *se sienta al lado de* LUCÍA. *Le coge la mano.*)
LUCÍA	Bueno, y si no queréis ver los vuestros... da igual, un millón es suficiente para las tres. No necesitamos tanto dinero.
IRENE	¿Lo compartirías? ¿Con nosotras?
LUCÍA	Sois mis niñas.
IRENE	Mamá, tú también tienes derecho a ser feliz.
LUCÍA	¿Por qué dices eso?
IRENE	Porque, a veces, se te olvida.
	(*Entra el vídeo.*)
CÉSAR	(*Desde el vídeo.*) Lucía... Lucía... Lucía...
LUCÍA	(*Estallando.*) ¿Qué quieres ahora, gilipollas?
CÉSAR	Esa es mi tigresa.
LUCÍA	Que no me llames así, imbécil.
CÉSAR	He escogido el azul para ti, porque sé que es tu color favorito.

LUCÍA   Es el color que menos me gusta, majadero.

DANIELA   Bueno, por lo menos sabía que hay una relación entre el azul y tú.

ANDREA   Quince años y la conocía bien poco, el desgraciado.

CÉSAR   Antes de nada, Lucía, quiero que sepas que cuando lo intentamos la última vez y salió mal, como siempre nos pasa, no fue culpa de esa mujer a la que tú seguro llamas *la zorra*. Ella es una buena persona. Ahí la tienes. (*Señalando desde el vídeo.*) Andrea Cifuentes. Ella es mi pareja. Más joven y más lista que tú.

           (*Silencio. Todas se vuelven hacia* ANDREA.)

ANDREA   ¡Qué cosas, ¿eh?! Pues no me esperaba yo esto. ¡Qué espontáneo!

DANIELA   ¿La *friki* es la zorra?

ANDREA   Bueno, yo en realidad, solo he tenido tres relaciones en mi vida. Eso de *zorra*, me viene grande. Si se empeñan, si se empeñan, casquivana.

DANIELA   ¿Hay que llamar *mamá* a la *friki*?

ANDREA   Yo prefiero que no. Si puedo opinar, claro.

IRENE   Venga, vámonos.

DANIELA   ¿Pero qué dices? Si ahora es cuando esto se pone interesante.

IRENE   (*Cogiéndola e iniciando el mutis.*) ¡Que nos vamos, te estoy diciendo! ¡Ay, Dani, qué poco tacto tienes! (*A* ANDREA.) Lo siento mucho. Es muy bruta de carácter, pero una bellísima persona. (*A* DANIELA.) Anda, tira, borrica, que eres una borrica.

DANIELA   Que te meto.

(*Mutis de* DANIELA *e* IRENE. *Silencio.*)

ANDREA   Bueno... pues... de las cosas que se entera una, ¿eh? (LUCÍA *comienza a avanzar hacia ella con paso firme.* ANDREA *retrocede, tapándose la cara.* LUCÍA *se acerca más rápido.*) ¡Sin violencia! ¡Sin violencia, por favor! ¡No me rompa las gafas! ¡Por favor, no me rompa las gafas!

(LUCÍA *llega donde está ella y cierra el ordenador de un golpe, haciendo que la imagen de* CÉSAR *desaparezca. Silencio.*)

LUCÍA   Pero, ¿por qué? ¿Por qué te has enredado con este, si eres una chica lista y agradable? ¡Si tú eres limpia y lo suyo son las churretosas!

ANDREA   No, yo churretes no tengo. Me ducho todos los días. Y me pongo polvitos de talco.

LUCÍA	¿Y qué hacías con un tipo así? Tienes un negocio y parece que te va, bueno... yo no diría bien, pero te va, ¿no?
ANDREA	Me va.
LUCÍA	Te va.
ANDREA	¿Nos tuteamos?
LUCÍA	Visto lo visto.
ANDREA	Ya. Hemos compartido cosas. Que, tal vez, no sea el mejor momento para decirlo.
LUCÍA	No, pero tienes razón. Las hemos compartido.
ANDREA	Las hemos compartido.
LUCÍA	Es que, además, justo en ese asunto, César...
ANDREA	(*Riendo.*) No está mal César, ¿eh?
LUCÍA	(*Riendo.*) No, nada mal. Yo creo que se le aguanta por cómo...
ANDREA	(*Moviendo la cabeza a los lados.*) Cómo...
LUCÍA	(*Riendo.*) ¡Cómo...!
ANDREA	(*Riendo.*) ¡Cómo, cómo, ¿eh?!
LUCÍA	(*Riendo.*) ¡Cómo, cómo!

ANDREA	Cómo folla, vamos. (*Se sorprende.*) Si es que el castellano es un idioma muy florido.
LUCÍA	Y eso que a primera vista no parece...
ANDREA	No, no lo parece. Nadie lo diría.
LUCÍA	Pero luego...
ANDREA	Luego...
LUCÍA	Luego, luego... Pero, ¿por qué empezaste con él?
ANDREA	Yo no sabía que estaban... que estabais intentando arreglar...
LUCÍA	No, si eso es lo de menos. No me importa.
ANDREA	¿No te importa?
LUCÍA	Me da igual. Habíamos quedado... Quedamos porque César falsificó mi firma para poder rehipotecar la casa. Y, al final, acabó liándome. Él se fue contigo y yo me quedé con la rehipoteca de la casa. Pero, oye, en el fondo, me hiciste un favor.
ANDREA	¿Te hice un favor?
LUCÍA	Llevándotelo. Ya lo siento por ti. Además, de no haber sido tú, habría sido otra. ¿Y sabes el gusto que da poder charlar con una de ellas?

¿Con una que no dice *guapi, diver, chachi...*?
Tú eres una mujer.

ANDREA   Soy una mujer. Eso es cierto. Muchísimas gracias por darte cuenta. Bueno, y tú eres una
maravilla.

LUCÍA   ¿Soy una maravilla?

ANDREA   Y cuidas de tus chicas... Yo sé que César jamás lo hizo.

(*Silencio.*)

LUCÍA   Bueno, lo intento, que no creas tú que se dejan.

ANDREA   Cuando te he visto entrar, hoy, cuando has
llegado... he estado un ratito, no mucho, un
ratito solo, observándote, desde allí, desde
la cocinita, mientras hablabas con tu hija,
con Daniela... Ella se quería ir, pero tú insis-
tías en...

LUCÍA   ¿Es una costumbre? ¿Espiar a los clientes es
una costumbre?

ANDREA   Espiar, ¡espiar! Bueno, sí, espío, espío... Para
mí, hablar con personas, es decir, las relaciones con personas... Yo tengo una iguana...

LUCÍA   Tienes una iguana.

ANDREA   La tengo. Manolita. La iguana Manolita. Con ella sí hablo, aunque, claro, nunca contesta. Que menos mal, ¿eh?, porque si un día contesta, ¡menudo susto! Pero, bueno, hablar con personas... es un problema. La vida es un problema para mí. Me cuesta expresarme.

LUCÍA   Ahora lo estás haciendo.

ANDREA   Claro que lo estoy haciendo. Ya lo sé. Por eso tengo sudores fríos y un tic en el ojo.

LUCÍA   Lo de Dani... lo de antes... yo también me he dado cuenta de que no quería estar a solas conmigo. Hace mucho que no me ve sin... testigos.

ANDREA   Pero no te has rendido.

LUCÍA   No me queda otra. Tengo... bueno, tengo miedo a que la gente deje de quererme. Me da pánico quedarme sola. Por eso, a veces, hago lo que se espera de mí. Si no, ¿por qué iba a dejar que me liase este imbécil? (*Sonriendo.*) Como ves, no soy ninguna maravilla.

ANDREA   Daniela cree que echaste a César de casa.

LUCÍA   Los matrimonios son complicados.

ANDREA   Yo sé que fue él quien se marchó. Me contó que se fugó con una contorsionista. Cabía en el cajón de los calcetines. Muy cómoda para irse de viaje con ella. Se la podía facturar como equipaje de mano. Nunca se lo has dicho a tus hijas.

LUCÍA   Jamás.

ANDREA   A lo mejor tienen derecho a saberlo.

LUCÍA   Una vez estuve a punto de contárselo a Irene. Es la más fuerte. Dani sufre por todo. ¡Es una dramática! Y bueno, mi trabajo es cuidar de ellas. Mi matrimonio es zona catastrófica y no quiero que los escombros les caigan a las niñas en la cabeza. César tiene... tenía encanto. Era como un chute de adrenalina en el corazón. Pero también, un tramposo. ¿Sabes la de veces que hemos estado a punto de perderlo todo? Ahora tiene millones, pero cuando estábamos juntos no tenía nada. Es un egoísta, Andrea. Un adicto a lo nuevo... Y las niñas y yo... pasamos de moda muy pronto. ¿Me entiendes?

ANDREA   Claro. Tú eres James Bond y él es Goldfinger.

LUCÍA   Más o menos. (*Mira a* ANDREA *con curiosidad.*) ¿Y tú? ¿Por qué terminaste liada con él? ¿Qué le viste?

(ANDREA *piensa un segundo.*)

ANDREA   La espontaneidad, tal vez. Me removió. Como si fuese un yogurt. Me puso azúcar y me dio vueltas. Y eso engancha. Es una droga y a mí me sienta mal el gluten, así que imagina los efectos secundarios de mi relación con César... Era como ser Bonnie and Clyde, pero como si Bonnie, en lugar de Bonnie, fuese asmática...

LUCÍA   Es agradable hablar con alguien que me comprende.

ANDREA   Y no tener que dar explicaciones todo el rato. A tu madre, a tu tía, a tu médico de cabecera, a tu psiquiatra, a la Policía municipal... *¿Y qué le ves? ¿Y no es muy mayor? ¿Y no se ha ido del bar sin pagar? ¿Y no te ha robado la Vespa?* Pero él también tiene cosas buenas. Ahora mismo no se me ocurre ninguna, pero las tiene.

LUCÍA   Las tiene. Cuando le conocí yo no creía que pudiese cantar. No creía que pudiese ganarme la vida cantando. (*Sonríe.*) Él me dio fuerzas para intentarlo. Recuerdo la primera vez que salí a un escenario. Estaba muerta de miedo. Quería irme a casa. Él, el muy cabrón, me agarró la cara, apoyó su frente en la mía y me dijo, *respira, tú solo preocúpate de respirar... lo demás vendrá solo.*

(*Silencio.*)

ANDREA   Estuve en el entierro. Escondida. Detrás de una lápida con un angelote rechoncho con unas alas muy pequeñas. Una contradicción, vamos.

89

LUCÍA   Como César, que le odias, pero le quieres.

ANDREA   Lo que pasa es que luego promete tanto, ¡promete tanto!, y cumple tan poco. A mí me dijo que me llevaría a París, y al Retiro, a dar de comer a los patos, y también me dijo que me enseñaría a bailar...

LUCÍA   ¿Bailar?

(ANDREA *asiente muy rápido.*)

ANDREA   Yo no bailo, nunca he bailado... con un chico... bueno, ni con nadie, no me voy a poner digna a estas alturas... Un día lo intenté con una muñeca chochona que me tocó en una tómbola, pero no salió bien. Le pisé un pie, tiré y me quedé con la cabeza en la mano.

LUCÍA   ¿Y qué querías bailar?

(LUCÍA *se levanta y saca su móvil.*)

ANDREA   Un chachachá. Pero tenía que haber empezado por algo más sencillo. Tal vez, una polca. De las facilitas...

(*Desde el móvil de* LUCÍA *comienza a sonar un chachachá.*)

LUCÍA   (*Extendiendo la mano.*) Ven.

ANDREA   ¿Qué me quieres hacer exactamente?

(LUCÍA *la coge por la cintura y comienza a bailar con ella.*)

LUCÍA Vamos a bailar.

ANDREA Huy, yo no, que me mareo y me caigo, y luego hay que recogerme.

LUCÍA Tú solo sígueme.

ANDREA Claro que sí. ¿A dónde?

LUCÍA Bailar, al final, también son números...

ANDREA ¿Cojo la calculadora?

LUCÍA Uno, dos... uno, dos... ¿Lo ves? Estás bailando.

ANDREA No me sueltes, que me caigo.

(*Salen a escena* IRENE *y* DANIELA *llevando una bolsa grande llena de churros y vasos para llevar, tapados con tapitas.*)

DANIELA Mamá, te juro que mantienes intacta la capacidad de sorprenderme. (IRENE *estalla en un ataque de risa y va corriendo hacia ellas. Baila. Yendo a sentarse.*) Venga, claro. A la mierda la dignidad. (LUCÍA *cambia la música y, al oírla,* IRENE *se gira hacia su hermana. Sonriendo.*) No, no, no.

IRENE (*Riéndose.*) Sí, sí, sí.

(IRENE *saca a bailar a* DANIELA. *Bailan las cuatro. Explosión de alegría. Cantan trozos de la canción, se ríen...* DANIELA *se sube en la mesa. Le da una patada a una pila de papeles de colores, que inundan todo el escenario.*)

ANDREA   ¡Ay, los informes!

(*Ataque de risa. Caen sentadas, cansadas, pero liberadas de tensión.* LUCÍA *mira a* ANDREA *recogiendo, que se da cuenta de lo absurdo que es. Risas.*)

LUCÍA   (*Riéndose.*) ¿Os acordáis de cuando bailábamos saltando en la cama?

IRENE   (*Riéndose.*) Sí, hasta que Dani se hacía daño por bruta.

DANIELA   ¿Pero qué ha pasado? Yo esperaba encontrarme a la *friki* muerta o algo peor.

IRENE   ¿Qué hay peor que la muerte?

DANIELA   Nuestra infancia.

LUCÍA   No ha pasado nada. La he enseñado a bailar.

ANDREA   Me ha enseñado.

IRENE   Ha sido muy raro, entrar y encontraros así.

LUCÍA   (*Riéndose.*) Rarísimo. Pero teniendo en cuenta el día que llevamos, tampoco desentona.

IRENE   (*Sin saber a qué atenerse.*) ¿Estás bien, mamá?

(LUCÍA y ANDREA *se miran.*)

LUCÍA   Lo estamos.

ANDREA   (*Sacando un inhalador.*) Yo me voy a *chuflar* la cosa esta del asma para no morirme, pero lo estamos.

LUCÍA   Al final, resulta que tenemos mucho en común.

ANDREA   (*Sonriendo, pícara.*) Muchísimo.

IRENE   Sin detalles, sin detalles. No quiero volver al psicólogo otra vez.

DANIELA   Oye, ¿y a ti nunca te dijo que la que tenía que ir era mamá?

IRENE   En todas las sesiones.

LUCÍA   ¡Bueno, ya está! Mi salud mental es de libro.

DANIELA   Sí, de libro escrito por Charles Manson.

IRENE   Hemos traído churros y porras, y chocolate caliente.

ANDREA   ¿Y los vídeos? Es que hay que verlos. Por el millón, ¿no?

IRENE   Los vemos... mientras desayunamos. Nadie ha dicho que no se pueda comer.

LUCÍA   ¡Me encantan las porras!

ANDREA   Muy bien, pues comemos porras. Bueno, yo churritos. El gluten me sienta mal, pero mira, voy a correr riesgos, y si me hincho y me desmayo... (*Iniciando el mutis.*) pues en mi cartera tienen ustedes el número de mi especialista en digestivo. El gluten.

LUCÍA   (*Dando una palmada.*) Trae platitos.

ANDREA   Pues ahí voy. ¿Quieren algo más?

IRENE   A ver, tutéanos, ¿no?

DANIELA   Si te has zumbado a mi padre, no nos vas a llamar de usted.

(ANDREA, *sin saber dónde meterse, hace mutis.*)

IRENE   Vosotras, poned la mesa. Yo voy a llamar a casa un segundo.

(IRENE *marca.* LUCÍA *ayuda a* DANIELA *a hacer sitio y colocarlo todo.*)

LUCÍA   Yo soy muy de porras.

DANIELA   Por eso las he cogido.

IRENE   (*Al móvil.*) Cariño, ¿cómo está Pablito? Sí, sí, esto va para largo. Escucha, a las doce tenemos reunión de propietarios. Ve tú. Javi, te estoy diciendo que esto va para largo. Baja tú. Sí, yo soy la presidenta de la comunidad, pero tú eres mi primera dama.

(IRENE *hace mutis.*)

DANIELA   ¿Estás...? Bueno, ¿estás bien? Por lo de la *friki* y papá.

LUCÍA   Con sinceridad, me ha aliviado. Me gusta que, al final, hubiese alguien con él, que estuviese acompañado.

DANIELA   A ver, al final, final, muy acompañado no estuvo, porque el pavo que le atropelló se dio a la fuga. (*Silencio.*) No creo que él lo hiciese con mala intención. Papá. Él era... bueno, así. Papá hacía cosas extrañas, como liarse con la *friki* o dejarnos estos vídeos... pero es sin mala intención. Su sentido del humor es... retorcido. No pretende hacer daño.

LUCÍA   Pero lo hace.

DANIELA   Se puede ser mal marido y buen padre.

(LUCÍA *se aparta, incómoda. Regresa* ANDREA *con platos y un grifo.*)

ANDREA	Los he lavado... pero con agua caliente. Se me han quedado las manos rojas, rojas... La fría no sale. Se ha roto. Aquí está. Toma.
LUCÍA	Es un milagro que sobrevivas tú sola al día a día, chica.
ANDREA	Voy a coger un churrito. Ay, lo que no tengo son servilletas, con lo que pringa esto...
LUCÍA	(*Iniciando el mutis.*) Bajo a comprar.
DANIELA	Podemos usar papel higiénico.
LUCÍA	(*Levemente tensa.*) Que no, que bajo.
DANIELA	(*Más tensa.*) Vale. Como quieras.

(LUCÍA *hace mutis. Regresa.*)

LUCÍA	Hay tipos que ni son buenos maridos ni buenos padres.

(IRENE *sale a escena, cruzándose con* LUCÍA, *que hace mutis.*)

IRENE	(*Al teléfono.*) Sí, Javi. Un millón. De euros. No va a ser de chapas de Coca Cola. Javier, respira, respira. Luego te llamo. Te quiero, mi vida. (IRENE *cuelga.* DANIELA *coge los cascos y se los pone. Silencio. Cogiendo un churro y mordiéndolo.*) ¿Qué ha pasado?

ANDREA Pues no lo sé. Yo es que me he quedado con el grifo en la mano. ¿Lo quieres? ¿No? Normal. Pues me voy a comer un churrito, mira tú.

IRENE Se habrán enfadado otra vez. (*Juguetea con los vídeos y el ordenador.*) Tú también tienes vídeo, ¿no?

ANDREA Sí, sí, claro, yo soy la zorra, que no lo parece, pero lo soy. El rosita. (*Salta el vídeo hablando muy rápido.*) Huy, pero, ¿qué has hecho?

IRENE No sé a qué le he dado.

ANDREA ¡Páralo, que lo vas a ver entero y tenemos que estar las cuatro juntas! ¡Que me vas a crear un conflicto ético!

IRENE Pero si no entiendo nada de lo que dice.

ANDREA ¡Que lo pares!

IRENE ¿Cómo?

ANDREA ¡Presiona *escape*!

CÉSAR (*Desde el vídeo.*) Irene era una niña, Lucía. Es normal que le entrase pánico y te lo metiese en el bolso. Pobrecita, con dieciséis años y sus cien gramitos de marihuana. Menos mal que llevabas el bolso grande.

(ANDREA *detiene el vídeo.*)

ANDREA   Pero, ¿qué hiciste, insensata?

IRENE   Tenía dieciséis años y me entró el pánico. Lo ha dicho mi padre.

ANDREA   Hija de Dios, pero, ¿tú entiendes lo que podría haberle pasado a tu madre si la Policía la llega a descubrir?

IRENE   Mi madre solo pasó una noche en el calabozo.

(DANIELA *canta, estridente, un fragmento de* «*Turandot*».)

ANDREA   Pero... pero... ¡ay, Dios mío! ¿Me estás diciendo que la detuvieron?

IRENE   Un poco. Íbamos en su coche. Se había saltado un *Stop*, porque en lugar de pisar el freno, pisó el acelerador, y nos paró la Policía. Me entró miedo y se lo metí en el bolso. No fue *exactamente* culpa mía.

ANDREA   ¿Y de quién fue?

IRENE   Si mi madre no se hiciese líos con el coche...

ANDREA   Pero que mandaste a tu madre al calabozo. Tú, su propia hija.

IRENE   Bueno, mamá no acaba de relacionar ese incidente precisamente conmigo.

ANDREA   Tienes que contárselo.

IRENE   ¿Contárselo?

ANDREA   Decirle la verdad.

IRENE   No puedo. ¡Es imposible! Yo, en mi familia, tengo un rol asignado, un sitio, un lugar, en el que se me reconoce.

ANDREA   ¿Criminal?

IRENE   Yo... Yo... Yo me he pasado la infancia y la adolescencia y toda la vida poniendo paz entre locos. Tanto lo he hecho que, al final, se ha convertido en mi profesión.

ANDREA   ¿Eres psicóloga?

IRENE   Sí, es más, a las once tenía un paciente paranoico.

ANDREA   Pues avísale de que no vas a llegar.

IRENE   Imposible. ¿No ves que no me coge el teléfono? Es paranoico. (*Silencio.*) Tienes que entenderlo. Nuestra infancia no fue fácil. Papá nunca estaba, y mamá, que sí estaba, hizo lo que pudo, pero nunca fue... lo que la gente considera una buena madre. Yo soy la hija perfecta. Y si mi madre se entera de lo que hice...

ANDREA   Nadie es perfecto.

IRENE   Yo sí.

ANDREA   Tú tampoco.

IRENE   Vale, pero los tengo engañados. Si mi madre se da cuenta de que ya no soy *perfecta*... ¿quién seré yo?

ANDREA   Irene.

IRENE   No es suficiente.

ANDREA   Dile la verdad.

IRENE   Cállate.

ANDREA   Como quieras. Yo no... no trato bien con la gente. Estropeo más que arreglo. (*Pausa.*) Voy a por agua.

             (ANDREA *hace mutis muy rápido.* IRENE *se sienta, abatida.* DANIELA *se gira y la ve. Se quita los cascos y se acerca.*)

DANIELA   (*Un poco incómoda.*) Eh, tú, mema... ¿Estás bien?

IRENE   (*Levantando la cara y mirándola.*) ¿Tú crees que soy perfecta?

DANIELA   ¿Tú? No. ¿Perfecta? No. Lo contrario. Eres lo contrario de perfecta.

el mensaje

(*Silencio.*)

IRENE   Siento que, bueno... que te sintieses abandonada en casa...

DANIELA   ¿Tú no te sentías como yo?

IRENE   Claro que sí. ¿Quién no se sentiría abandonada? Las cosas en casa eran una mezcla de interrogatorio de la Gestapo y fiesta *hippie*. Lo sabes. Estabas ahí.

DANIELA   Sí, estaba, y estaba sola.

IRENE   ¿Y cómo crees que estaba yo? Dani, entiendo que no fui la mejor hermana mayor del mundo...

DANIELA   Fuiste la peor.

(*Silencio.*)

IRENE   Tampoco era fácil tratar contigo. Solo gritabas, te enfadabas y te encerrabas en tu habitación dando portazos.

DANIELA   ¿Qué sabrás tú? Si nunca estabas.

IRENE   Estaba, y casi todo el día intentando que mamá y papá no se clavasen un destornillador en un ojo. ¡Coño, yo era la ONU de nuestra casa!

DANIELA   ¿Y yo qué era?

IRENE   Corea del Norte.

DANIELA   Mamá quería que fuese un chico, y tú dices
               que soy un país psicópata.

IRENE   Las dos pasamos por lo mismo: peleas, cuernos,
               gritos, mamá obsesionada con su carrera, sin
               escucharnos jamás, ¡si cuando yo le contaba
               mis cosas, cogía un libro y se ponía a leer!, y
               luego papá perdiéndolo todo al póquer...

DANIELA   ¡Papá no tenía mala intención! ¡Le faltaba
               suerte!

IRENE   Tú le querías más a él, y yo más a mamá. Las
               dos a pesar de todo. ¿Y qué? Tenemos dere-
               cho a elegir.

DANIELA   Yo te necesitaba.

IRENE   Y yo a ti. Y siento, de corazón, no haber sido
               la hermana que merecías, pero sobrevivimos.
               Eso ya es mucho.

               (*Silencio.*)

DANIELA   Mamá siempre dramatizaba y lloraba o ame-
               nazaba con irse y dejarnos solas, o pasaba de
               lo que hacíamos porque prefería no enterar-
               se. Papá era, bueno... más alegre. Me hacía
               reír. Eso es todo. (*Silencio.*) Yo tampoco era
               fácil.

IRENE   Ninguna lo fuimos.

DANIELA   Las dos somos un poco país psicópata.

(*Se ríen.*)

IRENE   No hay forma de cambiar el pasado, pero podemos tener un futuro.

DANIELA   ¿Juntas?

IRENE   Juntas.

(*Se abrazan con cariño. Sale a escena* ANDREA, *que se queda mirando.* DANIELA *se da cuenta y se aparta, incómoda. Se sienta y se pone los cascos.*)

ANDREA   ¿Se lo has contado a ella?

IRENE   Más o menos.

ANDREA   ¿Más o menos?

IRENE   Menos.

(*Sale* LUCÍA *a escena.*)

LUCÍA   Aquí están las servilletas... (*Al verlas.*) ¿Qué ha pasado?

ANDREA   Irene tiene una cosa, una cosita, una cosaza, que explicarte, Lucía.

IRENE	Yo no tengo nada que explicar.
LUCÍA	¿Pero qué ha pasado ahora?
ANDREA	Que Irene es... es... piscis. Es decir, para ella todo son secretos. Ella, más que expresarse, participa en campañas de desinformación.

(DANIELA *canta de nuevo.*)

LUCÍA	¿Habéis puesto los vídeos?
ANDREA	Sí.
IRENE	No.
ANDREA	Irene, tienes que decírselo... Tienes que decírselo antes de que se lo tenga que decir yo y me dé un ataque de asma por la ansiedad.

(*Silencio.*)

IRENE	Vale. Lo digo. Lo voy a contar. Mamá...
LUCÍA	¿Qué, Irene? No te pongas tan seria, que me asustas.
IRENE	(*Mientras habla, saca su vídeo y mete el de DA-NIELA.*) Pues es... una cosa... una cosa del vídeo... una cosa, mariposa... Una cosita que...
ANDREA	Una cosita que tiene que ver con antecedentes y marihuana...

LUCÍA   ¿Pero tú cómo sabes eso? (*Por el vídeo.*) ¿Lo ha dicho este imbécil?

ANDREA   Exactamente.

LUCÍA   Esto no es una herencia, es una venganza.

IRENE   Ya me dirás qué sentido tiene hablar de eso después de tanto tiempo.

(DANIELA *se quita los cascos.*)

ANDREA   Sí, es que mira, él, el señor Rivas, César, ha explicado que fue...

LUCÍA   Fran, un poeta mugriento con el que tuve una relación tóxica. El muy delincuente, metió cien gramos de marihuana en mi bolso. Menos mal que el juez lo entendió y yo no acabé en la cárcel.

DANIELA   Es verdad, que la cantante lírica casi acaba de presidiaria lírica.

ANDREA   ¡Es que no fue así! ¡Lo que ocurrió, en realidad...!

(IRENE *acaba de activar el vídeo.*)

CÉSAR   (*Desde el vídeo.*) Daniela, mi amor, no estuvo bien vender el Twingo de tu madre a un desguace.

(*Estupefacción general.*)

DANIELA   ¿Pero por qué pones tú mi vídeo ahora? ¿Qué ha pasado con el *juntas*?

IRENE   Es tu padre. Le quieres. Escúchale, ¿no?

LUCÍA   ¿Que tú vendiste mi Twingo a un desguace?

DANIELA   Joder, mamá, necesitaba dinero y, bueno, era un coche de mierda.

IRENE   Ay, Daniela, ¡cómo eres! ¡Qué cosas ha hecho, ¿eh?!

ANDREA   (*Irónica.*) No como tú, que eres la perfecta.

IRENE   Exacto.

CÉSAR   Habrías sacado mucho más llevándolo a un concesionario de ocasión. Hay que usar la cabeza, nena.

LUCÍA   ¡Pero si me encantaba ese Twingo!

CÉSAR   Daniela, dile a tu madre más a menudo que la quieres.

DANIELA   (*Yendo hacia ella.*) Te voy a matar, Irene.

ANDREA   Y antes de morir, lo mejor, confesar. Voy a coger otro churrito. Por la ansiedad. Me callo.

(IRENE *sale corriendo.* DANIELA *la persigue.*)

CÉSAR ¿Te acuerdas cuando te ponías su ropa con ocho añitos y jugabas a cantar como ella?

DANIELA ¡No! ¿Qué haces, papá?

LUCÍA ¡Ay, mi niña! ¿De verdad hacías eso?

DANIELA Pero, ¿qué dices? Yo no he hecho eso en la puta vida.

CÉSAR Te maquillabas como mamá, y cantabas, cantabas...

IRENE Y los perros aullaban y los vecinos daban golpes en la pared...

CÉSAR Tú siempre has querido ser como mamá.

LUCÍA Pero, ¿de verdad tú querías ser como mamita?

DANIELA Te odio.

LUCÍA Mis hijas quieren ser como yo.

DANIELA ¡Me compré una moto con lo que saqué de tu Twingo mugriento!

LUCÍA (*Satisfecha.*) ¿Qué más da?

ANDREA ¿Y si volvemos a lo de los antecedentes? Por ir cerrando temas.

LUCÍA   Dan igual. A pesar de todos los errores, mis hijas me quieren.

CÉSAR   Daniela...

DANIELA   ¡¿Qué?!

CÉSAR   Coge al toro por los cuernos, habla con tu madre... Dile, como me dijiste a mí, eso de que la *manejan* los hombres y...

LUCÍA   ¡A mí no me maneja nadie!

ANDREA   Tus hijas te manejan.

LUCÍA   Es ley de vida. Ser madre consiste en ser una pringada emocional.

CÉSAR   Mamá y tú sois iguales. Ninguna expresáis vuestros sentimientos.

DANIELA   Que te calles, papá. Era un secreto. ¡No es justo!

ANDREA   Ay, la vida no es justa. Si fuese justa, los churritos no serían grasientos, pero lo son. ¿Y qué? Pues me como otro. Por la ansiedad. ¿Y el gluten, qué? Pues da igual, me como otro churrito...

CÉSAR   Y ten cuidado con los novios de tu madre... porque elige mal...

LUCÍA   Y mira que tenía que haber escarmentado contigo, pero no.

CÉSAR   La manejan, la manejan...

LUCÍA   A mí no me manejan los hombres, gilipollas.

IRENE   Es verdad. Mira lo de Fran y la marihuana.

ANDREA   Pero bueno, ¡¿tendrás descaro?! Pues me como otro churro.

DANIELA   (*Murmurando.*) Sí lo hacen.

LUCÍA   ¿Qué?

DANIELA   Nada. (*Murmurando.*) Sí lo hacen.

LUCÍA   ¿Qué dices?

DANIELA   Nada. No digo nada. (*Murmurando.*) Que sí lo hacen.

LUCÍA   ¡Habla claro, por Dios, Dani!

ANDREA   Dice que sí lo hacen.

LUCÍA   Pero, ¿de qué estáis hablando?

DANIELA   Pues, mamá, de que cambias dependiendo del tío que tienes al lado. (*A* IRENE.) ¡Que me des el ordenador!

ANDREA   ¡Con cuidado, con cuidado, por favor! Es que lo compré en un *Cash Converters* y no está muy católico, que digamos.

LUCÍA   ¿Y eso lo llevas pensando toda la vida? (*Las dos hijas se paran de golpe.* IRENE *detiene el vídeo.*) Yo os he dado siempre confianza para que me digáis las cosas.

DANIELA   Eso es mentira.

IRENE   Dices que hablemos y cuando lo hacemos, te enfadas.

DANIELA   O no escuchas. Siempre lo tuyo es lo primero. No dejas hablar a nadie.

(*Silencio.*)

LUCÍA   ¿Es así como me veis? ¿Las dos me habéis visto así siempre? (*Pausa. Traga saliva.*) Vale, vale... Quiero escuchar. Voy a escucharos.

DANIELA   Respira, mamá. Respira.

LUCÍA   Decidme lo que pensáis. No me enfado. Y escucho. Lo juro. Probad.

(*Silencio. Las hermanas se miran.*)

IRENE   Mamá, a tu voz no le pasa nada. Es ese Carlos, que te ha convencido de que ya no cantas, porque es un mediocre y no soporta que tú seas especial, y tú tragas.

DANIELA   Es verdad, mamá. A papá le gustaba picarte, pero admiraba tu voz. Y con el imbécil de Luis Alfredo siempre cedes tú.

IRENE   Carlos.

DANIELA   ¿Qué más da?

LUCÍA   Que no, chicas, que ya no tengo voz... (*Tosecita.*) La he perdido. ¿No será que os molesta que haya rehecho mi vida? Sería un sentimiento muy humano. Yo lo podría entender.

DANIELA   ¿No nos molesta lo de la *friki* y nos va a molestar lo tuyo?

ANDREA   Y dale.

IRENE   ¿Por qué te pusiste a jugar al tenis?

LUCÍA   Para hacer ejercicio.

IRENE   Porque Gorka jugaba. Y te dio por la poesía porque Fran era poeta...

DANIELA   Bueno, él decía que lo era, pero, en realidad, era drogadicto.

IRENE   Exactamente. ¡Cállate, *friki*! Y te hiciste vegana porque Miguel se dedicaba a la nutrición. Es siempre así, mamá.

LUCÍA   (*Vulnerable y sincera.*) Bueno, es un aprendizaje. En las relaciones te impregnas. Aprende uno del otro. Gracias a todos ellos, ahora yo juego al tenis, leo poesía, cuido lo que como...

DANIELA   Tienes antecedentes.

ANDREA   ¡Sí, pero es que eso no es culpa de...!

IRENE   ¡Que te calles, *friki*! ¿Y qué han aprendido ellos de ti, mamá?

(*Silencio.*)

LUCÍA   Nada. No han aprendido nada. No puedo estar siempre cediendo... Tiene que haber un momento en el que cedan ellos, ¿no?

IRENE   Sigues teniendo voz. Una voz preciosa. Y nos gusta oírla.

DANIELA   Echamos de menos que cantes.

(LUCÍA *canta con buena voz, templada y agradable.*)

ANDREA   Y quien canta, sus males espanta. Ay, lo siento. Es que estoy muy nerviosa. Me voy a comer otro... Ay, que se han acabado los churros.

LUCÍA   Gracias. (*Las abraza.*) Muchísimas gracias. No sé qué pretendía César, pero yo me he reencontrado con algo mucho más valioso que un millón de euros. Con mis niñas. Gracias.

IRENE   ¿Por qué, mamá?

LUCÍA   Por quererme a pesar de cómo soy.

DANIELA   ¿Tú nos quieres a pesar de cómo somos?

LUCÍA   ¡No! Yo os adoro como sois.

ANDREA   Como sois. No por ser la perfecta ni nada. Como sois. ¿Lo ves, Irene?

LUCÍA   ¿Qué está pasando ahora? ¿Más problemas? No, por favor.

(*Silencio.*)

IRENE   Mamá, tengo mucho miedo... mucho... de que, bueno, veas que no... que yo... bueno, que no soy perfecta y... me dejes de querer...

LUCÍA   Cariño mío, yo nunca he pensado que fueses perfecta.

DANIELA   Nadie que te conozca lo piensa.

LUCÍA   Tú eres mi adorada neurótica que ordena las especias alfabéticamente y que vive convencida de ser la adulta de la familia, la centrada, la responsable del calentamiento global y...

IRENE   Es que mi desodorante, mamá...

113

LUCÍA   Tu desodorante es *roll-on*, nena. ¿Sabes lo que sí eres? Una madre perfecta para Pablito.

IRENE   ¿Como tú, mamá?

LUCÍA   No. Una buena madre de verdad. Yo me equivoqué mucho.

DANIELA   Vale, acabo de tener un coma diabético.

ANDREA   Hay que querer a la gente como es. Una cantante lírica, una intolerante al gluten, un cactus y una neurótica que le metió cien gramos de marihuana a su madre en el bolso, porque tenía miedo a la policía.

             (*Silencio.*)

LUCÍA   (*A* IRENE.) ¿Que tú has hecho qué?

IRENE   A ver, mamá, que no es como lo cuenta la *friki*.

DANIELA   Toma ya con la responsable. ¿Cómo era eso? ¿Corea del norte?

LUCÍA   Pero, hija, ¿tú entiendes la humillación que fue explicarle a los padres de las zarigüeyas que me detuvieron por tráfico de estupefacientes?

IRENE   Mamá, no soy perfecta. Y me quieres, ¿no?

(IRENE *deja el ordenador en la mesa y se enciende. Salta el vídeo.*)

CÉSAR   (*Desde el vídeo.*) Además, Irene, que no es grave. A tu madre le vino bien pasar una noche en la cárcel. ¿No ves que es una cursi? En el fondo, le hiciste un favor.

LUCÍA   No soy cursi, gilipollas. ¡Soy cantante lírica! ¡Con lo culpable que me he sentido por haberte atropellado!

(*Silencio.* LUCÍA *comprende lo que ha dicho.*)

IRENE   Mamá...

LUCÍA   ¿Qué?

DANIELA ¿Has matado a papá?

LUCÍA   Pero sin querer.

IRENE   ¿Sin querer?

LUCÍA   Discutimos. Me monté en el coche. Por lo que parece, él venía detrás. Arranqué. Tenía metida la marcha atrás y le atropellé. Sin querer.

ANDREA   Sagitario. Esa mezcla de pasión y torpeza es sagitario. (*Silencio. Nadie reacciona.*) ¿Y no avisaste a la policía?

LUCÍA   (*Acercándose a* ANDREA.) Soy la ex que no le soportaba, y con antecedentes. Cuando comprendí que había sido yo la que le había atropellado, entré en pánico. No quería ir a la cárcel. ¡No quiero ir!

ANDREA   Claro, camello y asesina, ¡carne de presidio! Es que llevas una carrera que estás a nada de codearte con Pablo Escobar. Que no, claro, porque está muerto... como César... A lo mejor se hacen amigos...

DANIELA   ¿Por eso no viniste al entierro?

LUCÍA   Me sentía culpable. Pero os juro que le maté sin querer. (*Silencio.*) Decid algo, por favor. (DANIELA *va hasta una silla y se sienta. Se pone los cascos.* IRENE *se dirige hacia los informes tirados por el suelo y comienza a recogerlos.*) ¡Decidme algo! Lo que sea, por favor. Llamadme asesina, decidme que no tengo corazón, lo que sea, pero no os quedéis calladas. (IRENE *la mira sin dejar de recoger.*) ¿En serio la solución a todo es aislarse con esos cascos, ¡que, en qué momento se los regalé! ¿O ponerse a limpiar? Irene, entiendo que la noticia es... es... ¡un pedazo de tragedia! Pero, ¿no vais a decir nada?

(IRENE *vuelve a recoger. Mientras ellas hablan, encuentra dos billetes de avión.* ANDREA *se aparta y se sienta.*)

ANDREA Cómo me arrepiento de haber estudiado Derecho.

LUCÍA ¿Qué se dice cuando se mata a alguien? Aunque sea sin querer, ¿qué se dice?

ANDREA Pues... pues... *Requiescat in pace.* Se pone en las tumbas. (DANIELA *canta triste y compungida un fragmento de «Don Giovanni».*) ¡Pobrecita! ¡Parece un chihuahua agonizante llamando a su madre!

(LUCÍA *se encamina hacia* DANIELA.)

LUCÍA ¡No podemos seguir así!

IRENE (*Tendiéndole los billetes a* ANDREA.) Tus billetes para las Bahamas.

ANDREA Huy, no son míos. Si yo tengo alergia al polen y a la humedad... La gente como yo muere en Gandía, imagínate en las Bahamas...

(LUCÍA *le quita los cascos a* DANIELA.)

DANIELA Pero, ¿qué haces? ¡Que no toques mis cosas!

LUCÍA Fue sin querer. ¡Fue sin querer! Es más, yo en el momento, ni me enteré. Pensé que le había dado a algo, no sé, a un cubo de basura.

DANIELA ¡Hala, mamá! ¿No tenías bastante con matarlo, que ahora le insultas?

IRENE   Lo estás arreglando.

            (DANIELA y ANDREA *se ponen cerca de* IRENE.)

LUCÍA   A ver, fue sin querer, pero César era un mal
            marido y un mal padre.

DANIELA   ¿En serio te estás escuchando, madre?

LUCÍA   Sí, Dani, lo era. Y ha llegado el momento de
            que lo oigas. El extrañísimo día de hoy, tiene
            que servir para algo. Vuestro padre nunca es-
            taba con nosotras. Siempre encontraba algo
            mejor que hacer. Y yo no le eché de casa. Se
            fue con una contorsionista.

ANDREA   Chiquitita, chiquitita, muy flexible. Era como
            un bulto de mano.

LUCÍA   Y cuando estuvo dos años desaparecido, no
            fue porque montase una sucursal de la agen-
            cia en Bogotá. Eso me lo inventé yo. Y tam-
            poco le secuestró la guerrilla, y por eso no
            daba señales de vida. Estuvo desaparecido,
            porque le daba la gana. Y todos los regalos de
            cumpleaños de estos últimos... de casi toda la
            vida, y las flores de Irene, por el parto, todo
            he sido yo.

IRENE   ¿Y por qué no nos has contado la verdad?

LUCÍA   Porque no quería que sufrieseis. Yo sé que
            fallé mucho como madre. La situación era

terrible, y me desbordó. Sin César en casa, sin dinero, llena de deudas por su culpa... No me fijé en vosotras. Me esforcé en sacaros adelante, y casi os pierdo en el camino. No fui una buena madre, pero os juro que os quiero más que a nada en este mundo... y que matar a César fue, bueno... un error tonto. No lo hice adrede.

(*Silencio.*)

DANIELA ¿Y por qué quedaste con él? ¿Para solucionar las cosas?

LUCÍA No, mi niña. Lo siento. Quedé con César porque unos señores siniestros, ¡del Este!, vinieron a casa preguntado por él. Me entró miedo y quise saber en qué se había metido. Cuando me contaste que había muerto atropellado, me acordé del cubo de basura, y me dije...

ANDREA Te dijiste, *a ver si he sido yo.* Supongo. Vamos, por decir algo.

LUCÍA Así fue. Y pesará siempre sobre mi conciencia. (*Sale a escena, desde detrás de* LUCÍA, CÉSAR, *vestido de lino, elegante, pero preparado para un clima mucho más cálido. Sorpresa en las hijas.*) Entiendo que os sorprenda. Lo entiendo perfectamente. (IRENE y DANIELA *señalan a* CÉSAR, *pero* LUCÍA *cree que es a ella.*) Ya, me señaláis como culpable. Como mujer culpable que soy.

DANIELA   ¡Ay, madre!

LUCÍA   Sí, tu madre, tu madre mentirosa y asesina, pero tu madre que también quiere cambiar y ser la madre mentirosa y asesina que merecéis.

IRENE   No, mamá, no es lo que tú piensas...

LUCÍA   Dadme una oportunidad. Démonosla todas. Os juro que os quiero, os quiero con toda mi alma, y todo lo malo que he hecho ha sido por vosotras. Excepto lo de atropellar a César, que eso fue porque me hago líos con las marchas del coche. Vuestro padre era...

DANIELA   ¿Un fantasma?

LUCÍA   No, eso lo es ahora. Antes fue un putero, ludópata, alcohólico y mentiroso, pero aun así, me arrepiento de haberle atropellado.

CÉSAR   Gracias, Lucía.

LUCÍA   De nada, César. Estoy dispuesta a llamar a la policía y...

           (LUCÍA *se da cuenta de lo que acaba de pasar y se gira, lanzando un grito.*)

CÉSAR   (*Sonriendo con ternura.*) ¿Te ha gustado el madrugón, tigresa?

(LUCÍA *le pega una bofetada y se aparta corriendo.*)

IRENE   ¡Estás vivo!

DANIELA   ¿Papá...?

CÉSAR   Sí, mi amor. ¡Papi ha vuelto!

(DANIELA *sale corriendo y abraza con fuerza a*
CÉSAR.)

LUCÍA   Pero te di con el coche...

DANIELA   Y te enterramos.

IRENE   Mamá, ¿qué está pasando? (*A* CÉSAR.) ¿Qué
has hecho? No comprendo nada. Te exijo una
explicación.

DANIELA   ¿Tú entiendes lo que he llorado y lo que...?

CÉSAR   Ya lo sé, mi niña. Ya lo sé. La verdad es que...
Bueno, creo que la persona más indicada para
explicaros todo este asunto es... Andrea. Al fin
y al cabo, ella tuvo la idea de los vídeos.

ANDREA   Eh, bueno, no exactamente... Es decir... Sí,
pero no... (*Se ríe.*) ¡Qué sentido del humor!
Yo no... Es decir, yo solo dije que... ¡Hijo de
puta!

(DANIELA *se aparta, limpiándose las lágrimas.*)

DANIELA   Empieza a hablar, *friki*, o te meto la cabeza en la taza del váter...

ANDREA   ¡Como en el colegio!

DANIELA   ¡*Friki*!

ANDREA   A ver, él quería reconciliarse con vosotras...

LUCÍA   ¿Reconciliarse? ¿Te dijo a ti que quería reconciliarse?

ANDREA   Sí, es que yo estaba en el ajo. Bueno, técnicamente yo soy el ajo.

DANIELA   Me has fallado, *friki*.

ANDREA   No, mujer, no. No me digas eso.

LUCÍA   ¡Dani!

DANIELA   ¿Qué?

LUCÍA   Deja que hable.

ANDREA   César es una persona complicada... Un padre horrible... Un ser humano siniestro. Pero él quería reconciliarse y me dijo que nunca le escucharíais, y que era mejor marcharse, aprovechando el accidente, y no mirar atrás. Y a mí eso me parecía mal.

IRENE	¿Comparado con qué? ¿Con los vídeos que nos ha dejado?
ANDREA	Lo que yo le dije fue que grabase unos vídeos amables. Unos vídeos diciendo que os quería y explicándose... ¿Chachachá? Y reconociendo sus fallos. Todos sus fallos. Así, vosotras le perdonaríais y cuando vieseis que estaba vivo, os alegraríais.
DANIELA	Pues te ha salido genial, tía.
ANDREA	Es que yo no sabía que iba a hacer esto, que iba a ser...
LUCÍA	¿César?
ANDREA	No, si hace ya un rato que me he percatado de que todo era mentira... de que, bueno... me la ha dado con queso. Y me sienta mal. Es que también soy intolerante a la lactosa. Bueno, y por los sentimientos.
CÉSAR	(*Sonriendo con melancolía.*) Es mi naturaleza. Un tigre no pierde sus rayas así como así.
IRENE	(*Acercándose.*) Toma, imagino que estos billetes a las Bahamas son tuyos.
CÉSAR	Muchas gracias, cariño.
LUCÍA	(*A* ANDREA.) ¿Por qué has dicho que estuviste en el entierro si sabías que estaba muerto de mentira?

ANDREA   Fui al entierro. Y esa noche... Me había queda-
            do dormida viendo la Teletienda... Un aparato
            de gimnasia de estos de tirar de unas gomas...
            Y, de pronto, me despierto y, ¡ay, un fantasma!
            Pues no. Era César.

LUCÍA   Y todo este número, y engañarnos a las cua-
            tro, ¿para qué?

CÉSAR   La agencia, después del parón del viaje a Co-
            lombia...

IRENE   Con una contorsionista.

CÉSAR   Con quien fuese. No nos enganchemos en los
            detalles. Bueno, la cosa es que la agencia fue re-
            montando, pero no daba lo que necesitábamos.
            Como familia, lo que necesitábamos todos.

LUCÍA   Te miro y no entiendo qué coño vi en ti.

CÉSAR   Bueno, lo que necesitaba yo. Vale. Entonces,
            conocí a Andrea, que es un genio de las fi-
            nanzas. Pedí dinero prestado y, de un día para
            otro, la agencia empezó a dar beneficios... Y
            entendí que era un negocio perfecto... para
            blanquear efectivo...

            (ANDREA, *sin que apenas nadie se percate, hace
            mutis.*)

IRENE   Es que ni una cosa buena se te ocurre, papá.

CÉSAR   Me puse en contacto con unos señores moldavos, muy interesantes, multidisciplinares, y, ¡tachán!, cuatro millones.

IRENE   No exactamente tuyos.

CÉSAR   Míos y de los moldavos estos. Pero no nos perdamos en los detalles.

LUCÍA   Y ahora tienes que devolver el dinero...

CÉSAR   *Tenía* que devolverlo, tigresa, pero la suerte quiso que me atropellases. Organicé mi entierro y ahora que todo el mundo me cree muerto, puedo irme a las Bahamas, a pasar lo que me queda de vida tomando Coco-Locos en la playa.

LUCÍA   Eres un hijo de puta.

CÉSAR   Pero millonario. (CÉSAR *mira alrededor.*) Tendríais que estar agradecidas. ¿Y lo que nos vamos a ahorrar todos en psicólogos gracias a mis vídeos? ¿Y lo que nos hemos reído? Bueno, Andrea... si quieres venir conmigo... ¿Andrea?

DANIELA   ¿Dónde está la *friki*?

IRENE   Se ha ido.

LUCÍA   Normal. (*A* CÉSAR.) Eres un ser humano nocivo. Ahuyentas a las buenas personas y a los perros.

CÉSAR   (*Mirando el reloj.*) Embarco a la una. Aún tengo tiempo para un café. ¿Venís? Yo invito. (*Silencio.*) Bueno, como queráis... Daniela, me sobra un billete para las Bahamas. ¿Quieres venirte conmigo? Al fin y al cabo, tú eres la única que ha lamentado mi muerte.

DANIELA   Tu muerte de mentira.

CÉSAR   Mejor de mentira, que de verdad, ¿no? No nos perdamos en detalles. ¿Te vienes con papá y te doy tu millón de euros?

DANIELA   ¿Un millón?

CÉSAR   *Tu* millón.

DANIELA   En la puta vida. Lárgate. Yo me quedo con mi madre y con mi hermana.

LUCÍA   Parece, César, que, al final, hemos educado bien a nuestras hijas.

CÉSAR   ¡*Touché*, tigresa!

LUCÍA   Que no me llames así, gilipollas.

CÉSAR   Muy bien. No os digo adiós. Prefiero decir... hasta la vista.

(CÉSAR *inicia el mutis, momento en el que sale* ANDREA *en el vídeo.*)

ANDREA   (*Desde el vídeo.*) Si están ustedes viendo esto
          es que César se ha comportado como... bue-
          no, como daba la sensación de que se iba a
          comportar... Es decir, como César, y yo me he
          visto obligada a tomar medidas, bueno... es
          decir, preventivas.

DANIELA   ¿La *friki* ha grabado un vídeo?

ANDREA   Sí que lo he grabado, claro que lo he grabado.
          Como medida de seguridad. Mucho rato an-
          tes de que ustedes llegasen, doña Lucía.

DANIELA   Que soy Daniela, *friki*.

ANDREA   Y bueno, la cosa es que entre pitos y flautas,
          que nunca he entendido esta expresión, por-
          que, ¿qué hay entre pitos y flautas? ¿Tambo-
          res? ¿Una armónica? ¿Un xilófono? Da igual...
          Bueno, que en previsión de que César fuese
          César, pues que, aprovechando que tecleó de-
          lante de mí su clave bancaria...

DANIELA   ¿La *friki* nos ha hecho el lío?

ANDREA   Y como tengo memoria eidética. Que, a lo me-
          jor, ya lo he dicho. ¡Espero que haya surgido
          la ocasión! Es algo que utilizo para romper el
          hielo. No lo rompe, pero yo lo utilizo, y el hie-
          lo se queda ahí. Bueno, la tengo. Memoria *ei-
          dética*. Del griego *eidetikós*. Resumiendo, que
          me sé tu clave bancaria, César. Cero, ocho,
          cero, ocho, dos, cero, uno, nueve.

CÉSAR   Andrea, pedazo de loca, ¿qué has hecho?

ANDREA   La transferencia, pero a mi cuenta. Así que ahora yo tengo cuatro millones de euros y tú tienes un problema con unos moldavos.

CÉSAR   Eh, bueno... Esto no puede ser. ¡Esto es un robo!

ANDREA   Y, claro, como estás legalmente muerto, pues te va a tocar aguantarte. Me hubiese encantado no tener que utilizar este vídeo, pero es que una es una chica prevenida y lista, y, claro... Bueno, capricornio. La cabra. (*Bala.*) Esto es una oveja. *Ovis orientalis aries.* Esto, a lo mejor, no viene al caso, ¿no? Pues nada, hasta luego... hasta la vista... *arrivederci...* en italiano...

CÉSAR   (*Gritando.*) Andrea... ¡Andrea! No ha podido ir muy lejos. ¡Andrea! (*Iniciando el mutis.*) Esos señores moldavos son peligrosos... Vale. Lo entiendo. Me ha ganado. De mí se pueden decir muchas cosas...

DANIELA   Y ninguna buena, padre...

CÉSAR   Pero no se podrá decir que tengo mal perder. (*Gritando.*) ¡Andrea, ¿dónde estás?! Vale. Me voy a las Bahamas. (*Gritando.*) ¡Andrea!

LUCÍA   ¡Buena suerte, *tigretón*!

CÉSAR   (*Gritando.*) ¡Andrea!

(CÉSAR *hace mutis.*)

IRENE   Parece que, al final, no ha sido tan grave.

DANIELA   ¿El qué?

IRENE   No ir a su entierro. Me reservo para la secuela.

DANIELA   Pues nos hemos quedado sin nada.

LUCÍA   Da igual. No me importa. (*Acercándose a* DA-NIELA, *sonriendo.*) ¿Con tu madre? ¿Te quedas con *tu madre?*

IRENE   ¿Y con tu hermana?

DANIELA   Bueno, son cosas que se dicen. ¡Que no se os suba, que os conozco!

LUCÍA   Ven, dame un abrazo. ¡Con su madre, se queda con su madre!

IRENE   ¡Y con su hermana!

DANIELA   (*Huyendo.*) Joder, ya estamos.

LUCÍA   (*A* IRENE.) ¿Ha dicho con *su madre?*

IRENE   Lo ha dicho, lo ha dicho. ¿Y ha dicho *con su hermana?*

DANIELA   Venga, anda, que me dejéis en paz las dos. Os odio.

(ANDREA *sale a escena desde la cocina.*)

ANDREA   Es verdad que esta chica está hecha un cactus, ¿eh?

LUCÍA   ¡Andrea!

IRENE   ¿Pero no te habías ido? ¿Cómo has vuelto a entrar por ahí?

ANDREA   Huy, sí, he bajado corriendo y luego he entrado por la ventana. Mucho susto, que casi me caigo... Una paloma me ha atacado... Da igual... Y desde ahí he activado, con el móvil, el de la huella, ¡qué suerte no habérmela dejado en la hielera! El vídeo de emergencia...

LUCÍA   Pero, ¿por qué has vuelto?

ANDREA   Me has enseñado a bailar, hemos comido churros juntas, nos hemos reído... Sois mis primeras amigas, ¿no?

LUCÍA   Sí, lo somos.

DANIELA   ¡Dame un abrazo, *friki*!

(*Se abrazan las cuatro.*)

IRENE   ¿Y el dinero de César?

ANDREA   Pues un millón en cada una de nuestras cuentas... en Suiza. Acabo de abrir las cuentas y he hecho, ahora mismo, las transferencias. Justo después de que me atacase la paloma.

IRENE   ¿En serio? ¡¿Un millón para cada una?!

ANDREA   Somos amigas, ¿no?

LUCÍA   Somos algo más que amigas. Nos insultamos, nos enfadamos, nos fallamos y ninguna de nosotras es perfecta, pero, al final, siempre estamos ahí. Somos familia.

ANDREA   ¿Yo... yo... yo también?

DANIELA ¡Tú también, *friki*!

ANDREA   ¡Cha-cha-chá!

(ANDREA *activa la música y, mientras todas bailan, lentamente, se hace un oscuro y cae el...*)

Telón.

Esta primera edición de *El mensaje*,
de Ramón Paso, terminó de imprimirse
en enero de dos mil veinticinco,
en Madrid.